新质生产力研究系列丛书

"中国制造2025"培育发展战略性新兴产业路径及统计监测方法研究

蔡　伟　章欣欣　著

中国财经出版传媒集团

经济科学出版社

Economic Science Press

·北京·

图书在版编目（CIP）数据

"中国制造 2025"培育发展战略性新兴产业路径及统计监测方法研究／蔡伟，章欣欣著. -- 北京：经济科学出版社，2024. 10. --（新质生产力研究系列丛书）. ISBN 978 - 7 - 5218 - 6350 - 5

Ⅰ. F426.4

中国国家版本馆 CIP 数据核字第 20244G7K86 号

责任编辑：李　雪　袁　溦
责任校对：蒋子明　徐　昕
责任印制：邱　天

"中国制造 2025"培育发展战略性新兴产业路径及统计监测方法研究
"ZHONGGUO ZHIZAO 2025" PEIYU FAZHAN ZHANLÜEXING XINXING
CHANYE LUJING JI TONGJI JIANCE FANGFA YANJIU
蔡　伟　章欣欣　著
经济科学出版社出版、发行　新华书店经销
社址：北京市海淀区阜成路甲 28 号　邮编：100142
总编部电话：010 - 88191217　发行部电话：010 - 88191522
网址：www. esp. com. cn
电子邮箱：esp@ esp. com. cn
天猫网店：经济科学出版社旗舰店
网址：http://jjkxcbs. tmall. com
固安华明印业有限公司印装
710×1000　16 开　15 印张　207000 字
2024 年 10 月第 1 版　2024 年 10 月第 1 次印刷
ISBN 978 - 7 - 5218 - 6350 - 5　定价：78.00 元
（图书出现印装问题，本社负责调换。电话：010 - 88191545）
（版权所有　侵权必究　打击盗版　举报热线：010 - 88191661
QQ：2242791300　营销中心电话：010 - 88191537
电子邮箱：dbts@ esp. com. cn）

前　　言

当前，中国正在深入实施创新驱动发展战略，以《中国制造2025》作为建设蓝图，实施工业强基工程，构建产业新体系，培育一批战略性新兴产业，开展加快现代服务业行动，发挥科技创新在全面创新中的引领作用。《中国制造2025》一方面在传统制造业、战略性新兴产业、现代服务业等重点领域开展创新设计示范，另一方面全面推广应用以绿色、智能、协同为特征的先进设计技术。继2009年温家宝总理在科技界大会上首次提出"战略性新兴产业"以来，中央及地方政府积极部署、推进和实施，国务院也发布《关于加快培育和发展战略性新兴产业的决定》，战略性新兴产业逐渐成为中国制造业的"领头羊"。那么，战略性新兴产业对接"中国制造2025"的路径机制是什么样的？战略性新兴产业与传统制造业之间的技术会发生溢出效应还是挤出效应？如何对战略性新兴产业的创新能力进行科学的统计监测？因此，本书选取《中国制造2025》视角，研究中国战略性新兴产业的培育路径及统计监测的问题。

本书紧紧围绕产业智能制造、技术进步对中国战略性新兴产业的经济效率及其影响因素，从理论和实证两个方面展开分析。在理论上，通过剖析战略性新兴产业的产业培育、产业关联、产业集聚和产业溢出效应对经济效率的机制，发现《中国制造2025》培育战略性新兴产业三个路径：政府干预路径、要素集聚路径和技术依赖路径。并进一步通过构建产业、地区、个体层面的理论模型，分析智能制造、技术进步对战略性新兴产业的经济效率的影响。

同时，在实证分析上，结合理论分析中的作用机制和理论模型，本书选择了合适的统计监测方法，运用熵权 TOPSIS 方法实证检验了战略性新兴产业统计经济效率水平及其发展格局，并基于实证检验基础，提出了提升中国战略性新兴产业高质量发展的相关政策建议。本书对典型中国战略性新兴产业进行统计监测，分别选取新一代信息技术产业、高端装备制造产业、新材料产业、新能源汽车产业、新能源产业、节能环保产业、数字创意产业 7 大领域的上市公司作为样本，研究结果表明：

其一，新一代信息技术产业整体经济效率处于平均水平。本书选取了 192 家上市公司进行了统计监测，其中，中国移动、中国联通等10 家新一代信息技术企业属于第一类；海信视像、闻泰科技等 135家企业属于第二类；凯撒文化、鸿利智汇等其余 47 家属于第三类；新一代信息技术产业在战略性新兴产业中发展较平稳，由于对 5G、IPv6、人工智能、机器学习等前沿技术嵌入最深的产业，是未来信息化生产力提升的重大力量。

其二，高端装备制造产业整体经济效率处于平均水平。其中，高端装备制造产业的细分领域中有 20% 的产业处于领先水平，1/3 的产业处于高水平。本书选取了 78 家高端装备制造产业的上市公司进行统计监测，海目星等 11 家高端装备企业属于第一类；东杰智能等 65家企业属于第二类；拓斯达和罗博特科 2 家属于第三类。高端装备制造产业在战略性新兴产业具有举足轻重的作用，也是"中国制造2025"战略蓝图的重要抓手之一。

其三，新材料产业的整体经济效率处于平均水平。有研粉材等五家企业为第一类，该类企业属于新材料产业细分领域如新型显示材料、特种无机非金属材料，是新材料中市场应用广、受众面宽、垄断局面尚未形成的领域，企业生产的地点也有重要的影响；屹通新材等20 家企业为第二类，是新材料产业的主体；有鑫科材料等 3 家为第三类企业。新材料产业是战略性新兴产业的基础，是其他战略性新兴产业的上游产业，是重要的基础性产业。

其四，新能源汽车产业的整体经济效率处于较低水平。理想等8家新能源汽车企业为第一类企业，该类企业属于新能源汽车产业的翘楚，该类企业在产品设计上能紧扣市场，在新冠疫情期间，车辆销售异常艰难，它们选择了正确的营销策略和金融策略，同时能对产品结构进行快速调整，严格管控成本费用，企业的净利润率实现扭亏转盈。东风等5家新能源汽车企业为第二类企业。作为战略性新兴产业极具潜力的产业，新能源汽车产业中，电车制造产业、低速载货汽车制造产业的经济效率处于行业的领先水平，但是汽车零部件制造产业、汽车整车制造产业处于行业的低水平。这种差异的主要原因是新能源汽车来自政府补贴大、规模化生产的新能源汽车技术尚未成熟，新能源汽车市场波动极大，市场认同度有待提高。

其五，新能源产业的整体经济效率处于平均水平。黔源电力企业属于新能源企业第一梯队；富春环保等9家属于第二梯队的新能源企业；甘肃电投等30家属于第三梯队的新能源企业；华通热力等49家属于第四梯队的新能源企业；金山股份两家新能源企业因综合评价得分较低，属于第五梯队，表明在新能源企业的统计监测中，这两家企业的财务绩效水平较低。新能源产业是中国实现绿色制造、低碳制造的重要支撑产业，也是其他战略性新兴产业的能源供应基础。

其六，节能环保产业的整体经济效率处于高水平，神雾节能等四家节能环保企业属于节能环保企业第一梯队，绿茵生态等87家企业属于节能环保产业的第二梯队，该梯队企业是节能环保产业的主体；国中水务等3家属于第三梯队的节能环保企业，表明在节能环保企业的统计监测中，该三家企业的财务绩效水平较低。其中原因，一方面是由这3家企业的经济发展状况引起的，它们的主营业务收入在行业内都处于落后地位，难免会在企业转型上缺乏资金支持；另一方面，这3家企业都是以传统能源为主，对环境的污染也较为严重，所以亟须调整这 3 家企业的发展策略，走绿色制造发展路径。节能环保产业与新能源产业相辅相成，节能环保产业的发展促进了新能源产业的发展，新能源产业的更新带动了节能环保企业的升级，甚至能影响社会公众对绿色能源的重视；新能源产业和节能环保产业都是践行绿色发展、绿色制造、低碳环保理念的行动方。

其七，数字创意产业的整体经济效率处于高水平。以 edge 等数藏平台为代表的 14 家在中国数藏圈具有显著影响力的企业是第一类；以鲸探等数藏平台为代表的 41 家数字创意企业是第二类；光明数藏等 21 家数字创意企业是第三类；以非同数艺等数藏平台为代表的 23 家数字创意企业是第四类；最后的一花 YIHUA 数藏 1 家公司为第五类数字创意企业。作为战略性新兴产业新增的产业之一，数字创意产业同时是数字经济的重要组成部分，具有与其他战略性新兴产业不同的特点。一方面，本书中的第一类和第二类数字创意企业无一例外在热度、流通方式、登陆方式等方面均有着较为出色的表现；另一方面，高涨的市场环境是其发展的又一关键要素。自 facebook 更名 meta 以来，元宇宙的概念被广泛传播，随着知名度的提高，人们的价值共识也得以塑造，优秀的数字创意企业也因此"出圈"了。

其八，生物产业的整体经济效率处于平均水平。其中生物产业的细分领域中有 45.5% 的产业处于领先水平，45.5% 的产业处于高水平。生物产业的高水平产业达到 91%，可以看出，生物产业是一个朝阳产业，尤其是在如今老龄化加剧的时代更为突出。

总而言之，本书通过智能制造、技术进步对战略性新兴产业经济效率影响的理论和实证分析，较全面厘清了智能制造、技术进步因素与不同维度经济效率差距之间的关系，有助于深化认识在当前经济形势下产业降本增效的差异化现象，为进一步提升开放经济格局下不同产业、不同地区、不同企业之间的经济效率提供了一定的建议，同时也为高质量发展战略性新兴产业提供了一些可行性的参考。

本书既重视基本理论的介绍及分析，同时深化相关理论的经验性研究，使读者不仅能了解并掌握《中国制造2025》、战略性新兴产业的发展框架，熟悉《中国制造2025》培育战略性新兴产业的具体路径，还能获知如何运用相关理论进行经验研究，从而提高分析战略性新兴产业经济效率的思维方法、理论素养和研究能力。

本书由东华理工大学蔡伟和江西交通职业技术学院章欣欣共同撰写。本书的出版获得江西省社会科学"十四五"（2024年）基金项目(24YJ36)、江西省高校人文社会科学研究项目（TJ24203、SZZX24203）的资助。感谢才凌惠、张启尧、赵西超、潘麒伊和唐华等同志的修改意见，同时感谢严萍萍、毛文凤、谢林杨等研究生的数据收集和文字校对工作，使本书臻于完善。

由于水平有限，加之时间紧迫，书中不足之处在所难免，衷心希望各位读者不吝批评指正。

目 录
CONTENTS

第 1 章

导　论

1.1　本书的意义

党的十八届五中全会指出：深入实施创新驱动发展战略，发挥科技创新在全面创新中的引领作用。构建产业新体系，加快建设制造强国，实施《中国制造 2025》[①]，实施工业强基工程，培育一批战略性产业，开展加快现代服务业行动。"中国制造 2025"拟在传统制造业、战略性新兴产业、现代服务业等重点领域开展创新设计示范，全面推广应用以绿色、智能、协同为特征的先进设计技术。党的十九大报告指出：预计到 2049 年，我国经济实力、科技实力将大幅提升，跻身创新型国家前列。创新型国家离不开中国制造，离不开战略性新兴产业。继 2009 年时任总理温家宝在科技界大会上首次提出"战略性新兴产业"以来，中央及地方政府积极部署、推进和实施，国务院也发布《国务院关于加快培育和发展战略性新兴产业的决定》[②]，战略

---

① 实施制造强国战略第一个十年的行动纲领，国务院印发《中国制造 2025》［N］. 人民日报，2015 – 05 – 20.

② 国家层面制定的战略性新兴产业的分类标准有三种：一是国家发展改革委发布的《战略性新兴产业重点产品和服务指导目录（2016）》；二是国家知识产权局办公室发布的《战略性新兴产业分类与国际专利分类参照关系表（2021）（试行）》；三是国家统计局编制的《战略性新兴产业分类（2018）》。

性新兴产业逐渐成为中国制造业的"领头羊"。本书就战略性新兴产业对接"中国制造2025"的路径机制进行分析研究，以及对战略性新兴产业进行科学地统计监测做有益的探索。

1.1.1 本书的理论意义

本书从理论上寻求战略性新兴产业高质量发展更科学的路径、更精准的统计监测方法，为"中国制造2025"的实现提供理论支持。

"中国制造2025"实施以来，我国政府在产业政策、税收政策、金融政策的支持，产业要素整合的协同下，战略性新兴产业的经济效益、创新发展绩效显著。在研究的过程中，笔者发现战略性新兴产业也存在空间差异和内部行业发展差异。空间差异主要描述的是东部地区、中部地区和东北地区的层级性、梯度性，从技术高的地方往技术低的地方溢出，存在一定的俱乐部效应。在战略性新兴产业中，新一代信息技术产业、高端装备制造业、新能源产业、新材料产业、新能源汽车产业、节能环保产业、生物医药产业、数字创意产业和相关服务业等九大产业，产业内部的发展差异小，而产业之间的发展差异大。在"中国制造2025"的影响下，战略性新兴产业之间既存在深度融合的关系，又同时存在溢出效应和挤出效应，战略性新兴产业的技术进步需要考虑"中国制造2025"作为外来影响因素的同时，还要考虑战略性新兴产业之间的耦合关系和梯度发展情况。也需要回答"中国制造2025"的定义是更多地强调新兴产业的发展还是在大力发展新兴产业的同时兼顾传统产业的发展等关键理念，这对地方政府的政策实施有重要的影响。

本书的研究具有较强的开拓性，一方面有助于梳理"中国制造2025"对战略性新兴产业培育路径的理论、实践和优化情况；了解"中国制造2025"的价值驱动机制，为经济发展过程中战略性新兴产业与传统产业差距的形成与演化提供新的理论阐释。另一方面全面监测中国战略性新兴产业整体的发展情况，掌握典型战略性新兴产业发展过程中的绩效水平变化，了解典型区域战略性新兴产业的转型路径，为优化我国产业结构和企业效率提升提供新的理论依据。

1.1.2　本书的现实意义

目前的研究普遍认为，中国制造业目前可以概括为"大而不强"。"中国制造2025"正是在德国工业4.0的背景下提出的，其战略目标和基本方针是明确的。在周边制造强国纷纷回归制造业的关键时期，我国要建设制造强国，必须紧紧抓住当前难得的战略机遇，积极应对挑战，加强统筹规划，突出创新驱动，制定特殊政策，发挥制度优势。更多依靠中国装备、依托中国品牌，实现中国制造向中国创造的转变、中国速度向中国质量的转变、中国产品向中国品牌的转变，完成中国制造由大变强的战略任务，在"中国制造2025"实施过程中，也取得了显著的成果。

本书在对战略性新兴产业进行系统研究的基础上，在整体层面和部分层面，对中国战略性新兴产业的时空数据进行科学地统计研究，监测中国战略性新兴产业的整体效率及典型产业、典型区域、典型企业的发展状况，以期为我国政府培育壮大新动能，为加快发展战略性新兴产业的执政力度、执政方向提供有价值的实践依据，为科学利用资源、制定"中国制造2025"产业培育政策以应对后疫情时代对我们提出的挑战提供智力支持。

1.2　文　献　综　述

1.2.1　"中国制造2025"培育战略性新兴产业的路径

"中国制造2025"是我国实施制造强国战略的第一个十年规划，

规划中第三部分"战略任务和重点"中对高端装备制造业、新一代信息技术产业等战略性新兴产业的扶持和资助进行了简要的安排和进度要求。国内对"中国制造2025"培育战略性新兴产业的研究较分散，多数是从战略性新兴产业的某一个领域展开。王慧峰和暴建霞（2018）在"中国制造2025"实施后，我国的高端装备制造业得到了提升，产业遇到了新机会，技术上有提升，但是在核心技术和尖端科技和制造业强国仍然有很大的差距，所以我国的高端装备制造业应该在"中国制造2025"的战略指引下，执行政府的计划，脚踏实地提高科技水平，缩短与制造强国的差距，并实现中国制造强国的战略。阳晓伟（2019）以德国制造业科技创新体系作为参考，详细阐述了高端装备制造业存在大而不强的现状，提出政府方面需要完善制造业科技创新体系，鼓励企业积极参与"中国制造2025"，加大对科技创新的激励，加大全时当量研发和研发从业人员投入，搭建科技创新平台体系，完善高校教育体系和政产学研分工协作机制，促进制造业产业结构升级，提升制造业科技创新体系的运转效率。王姝洁（2019）分析了"中国制造2025"培育战略性新兴产业面临的困境，探究困境形成的原因，总结"中国制造2025"实施以来取得的成效，进一步分析目前要实现此战略目标面临的国内外困境，强调从市场入手，做出满足市场需求的产品是中国制造之目的，培育市场需求是破解之道。

缪竞红（2018）、崔慧明和陈林（2022）认为"中国制造2025"等同于"中国智造"，在培育产业方面尚存较大不足，我国在人才、创新、质量、传承等方面达不到世界制造强国的标准，同时在战略性新兴产业的成本方面的优势逐渐被其他发展中国家追平，因此企业在走向智能制造时一定要在人才、技术方面加大投入，合规合法争取政府补贴。熊子英和张冰倩（2021）认为"中国制造2025"对产业的培育路径由之前的选择性培育转换为普惠性、功能性培育，"中国制造2025"相关政策对受培育企业的技术创新存在显著的正向作用，同时对企业实质性创新产出也具有正向作用，但是对于非公有制企业和非高科技行业，"中国制造2025"对外观设计、实用新型专利等微小创新产生了挤出效应。姚茜嵘（2022）认为"中国制造2025"要以技术依赖为主要培育路径，以战略性新兴产业间深度融合为主线，以智能制造作为主要方向，才能实现"制造大国"走向"制造强国"。

1.2.2　战略性新兴产业的统计监测

从产业关联的视角。刘刚和张泠然（2020）认为对中国的战略性新兴产业而言，前向关联产业是指利用该产业的输出和服务作为中间产品进行再生产、再加工的产业，前向关联产业驱动该产业不断技术更新、结构升级；后向关联产业是指该产业生产过程中所必须消耗的产品或服务的来源产业，后向关联产业为该产业提供原材料和服务。通过产业传导机制，前向关联产业从需求端、后向关联产业从供给端发挥其影响力。伍先福、黄骁和钟鹏（2021）从战略性新兴产业与新型基础设施建设的三个子系统信息基建、创新基建、融合基建的耦合机制入手，利用耦合协调度、空间面板模型等工具研究得出结论：信息基建的锁定效应是最强的，融合基建的耦合发展突破了橄榄形结构，创新基建的耦合发展程度最低。战略性新兴产业与基础设施建设的耦合效应存在一定的辐射引领效应。刘国巍、邵云飞和刘博（2020）构建了战略性新兴产业与教育产业、研发平台和企业技术等三方面的协同创新体系，以航空航天装备制造、3D打印和新能源汽车作为案例研究发现战略性新兴产业的协同发展路径，认为战略性新兴产业的协同创新整体处于低网络协同度状态，企业协同创新和教育业协同创新都具有高网络协同度，战略性新兴产业的联结强度、平均度数中心度是保障企业协同创新和教育产业协同创新高网络协同度的重要条件。杨小玄（2019）认为金融产业能助推战略性新兴产业的发展。提供间接融资的信贷市场、提供直接融资的股票市场深化均对战略性新兴产业发展有正向影响；股票市场泡沫可能使得企业的科技创新动力下降，从而不利于战略性新兴产业发展；金融支持战略性新兴产业发展具有显著的空间正向溢出效应，对战略性新兴产业的促进作用在区域间会起到示范和带动作用，从而推动战略性新兴产业的跨区域协调发展。

从要素集聚的角度。刘荣春和吴梦梦（2021）认为从创新投入、研发改造、产出、环境支撑四个要素对战略性新兴产业自主创新能力进行监测，依托区域特色产业，集聚要素来重点培育龙头战略性新兴企业，要加大创新经费投入强度，注重发挥市场功能，从市场需求、比较优势、生产率上升水平、收入弹性、带动效应、增长潜力、技术密集度、就业状况、短缺替代弹性、可持续发展性、瓶颈效应来观察战略性新兴产业，进行层级划分。王艳艳（2021）从企业数量、战略性新兴产业从业人员数、专利数量等要素对江苏省战略性新兴产业进行了统计监测，发现江苏省存在不同的空间聚集效应。陈春林（2022）认为江西省需要从集群支撑、企业支撑、技术支持三个方面，分类分级对战略性新兴产业进行发展。王欢芳（2018）认为战略性新兴产业在东部地区呈现显著集聚；集聚水平的形成与经济发展水平、空间相关性、产业基础、资源优势等要素有极大关系，优化产业结构是促进战略性新兴产业集聚发展的有效途径。

从统计方法的角度。熊正德和詹斌（2011）、程贵孙和张雍（2013）、杨飞（2017）、姚潇颖（2017）、靳丹霞（2018）、闫俊和周杨祎（2019）在研究过程中均使用我国战略性新兴产业的上市公司微观面板数据，运用数据包络分析方法（DEA）或者 DEA Malmquist 指数、DEA 超效率模型等 DEA 相关扩展模型，分别以生产技术效率、金融支持效率、创新效率、供给侧总效率等为研究内容，进行实证分析，并得到战略性新兴产业的相关结论，并对战略性新兴产业的发展提出针对性的政策建议。肖兴志和谢理（2011）、吕岩威和孙慧（2013）、孙丽艳和苗成林（2017）、陈洁（2017）等对中国战略性新兴产业的创新效率、生产技术效率等重要内容展开研究，运用随机前沿分析方法（SFA）基于柯布—道格拉斯生产函数模型对我国战略性新兴产业的创新效率、生产技术效率进行测度，总结出中国战略性新兴产业效率提升的影响因素并探讨了其发展路径。刘玲玲（2018）、王缙（2018）运用熵权法和模糊综合评价法对相关战略性新兴产业的经营绩效进行了综合评价。

谭玫瑰（2018）采用 C-score 模型对战略性新兴产业企业的会计稳健性进行衡量、采用 Logistic 回归对融资约束进行衡量，分别从微观和宏观两个方面，研究我国战略性新兴产业企业的研发投资。王宇、汤家红和江静（2018）通过建立一个基于纵向产品差异的双寡头质量竞争模型，通过严格的数学模型进行分析，讨论了政府调整质量补贴门槛对整个产业的产品质量水平、行业利润及社会福利的影响，研究了补贴门槛的调整对战略性新兴产业发展的影响。刘晓宇（2018）、李婷（2018）采用灰色层次分析法、灰色关联系统构建了战略性新兴产业企业业绩评价模型，对选取的战略性新兴产业企业绩效进行了评价，对进一步优化战略性新兴产业相关政策提出了建议。李彩霞（2017）建立了董事会治理—研发投入—公司成长的中介效应模型，构建了营销投入对研发投入与公司成长之间关系的调节模型，探究了董事会通过做出投资决策来提高公司价值这一运作过程，也为理解营销投资决策对研发投资决策与公司成长关系的促进关系作用提供了经验证据。李香菊和杜伟（2014）、姚永鹏和胡翠（2017）、梁彦（2018）对战略性新兴产业企业的股权结构和公司成长性进行描述性统计分析，选取财务指标通过因子分析建立中国战略性新兴产业上市公司成长指标评价体系，建立多元回归模型，进行实证研究，从而得出战略性新兴产业上市公司股权结构对公司成长性产生的影响。张强、王洪亮和袁留闯（2019）运用动态 GMM 模型和面板门限模型分析不同融资约束条件下权益流动性对战略性新兴产业研发创新活动的影响。

1.2.3 已有研究述评

由上文对"中国制造2025"培育战略性新兴产业的路径和监测方法研究梳理可以看出，目前的研究还处于探索阶段，整体上呈现如下特征。

1. "中国制造2025"的内涵认识存在差异

各界对"中国制造2025"的内涵持有不同的想法，在研究结论上仍有分歧，主要体现在对中国制造的定义是更多地强调战略性新兴产业发展还是在大力发展新兴产业的同时兼顾传统产业的发展，并且对于"中国制造2025"的相关领域，专家进行了不同的研究。在以往的研究中，缺乏"中国制造2025"对整体战略性新兴产业的培育路径的研究和探讨。

2. 统计监测局限于对战略性新兴产业企业层面的实务研究，理论研究滞后

在对战略性新兴产业的统计监测上，现有研究文献使用高新技术产业或者随机抽取上市公司代替战略性新兴产业作为研究对象，无法全面反映战略性新兴产业状况，可能导致对其统计监测及影响因素分析不准确；应用数据包络分析方法（DEA）测度效率，牺牲了对生产函数的估计，难以检测结果的显著性；应用随机前沿分析方法（SFA）并基于柯布 - 道格拉斯（Cobb-Douglas）生产函数模型测度效率，无法克服该函数技术中性和产出弹性固定等强假定问题，容易导致由于函数形式误设而带来的估计偏差。所以，本书设计更科学合理的统计监测方法，该方法有更为坚实的经济理论基础，能够判断模型拟合质量，从而在理论上更具合理性。

1.3　研究的主要内容与结构框架

1.3.1　研究思路与技术路线

战略性新兴产业快速发展成为中国经济重要的增长点，各级政府高度重视，出台一系列指导意见，加快培育壮大新动能。在加快发展战略性新兴产业的现实背景下，首先，通过阅读大量国内外相关文献，探究国内外研究需要进一步补充与完善之处；其次，创新性地引入熵权 TOPSIS 模型构建战略性新兴产业评价指标体系，对中国战略性新兴产业的培育路径和发展状况进行统计监测，并在此基础上对其发展趋势进行统计预测；最后，从质量、效率和结构层面上剖析战略性新兴产业企业的动态融合发展状况。

本书遵循提出问题→分析问题→解决问题的技术路线。在提出问题环节，本书依据研究背景及国内外研究文献，提出本书拟解决的主要问题，并就此提出本书研究要达到的目标。由于"中国制造 2025"和战略性新兴产业是一组综合动态发展的概念，单一指标测算难以满足本书设计问题的研究需要，因而，从战略性新兴产业的运行特点出发，进入问题分析阶段。在分析问题时，依据理论分析并结合我国战略性新兴产业发展的现实特点，借鉴战略性新兴产业发展评价的已有研究成果，设计战略性新兴产业统计监测指标体系的层次结构进而细化评价指标，最终形成战略性新兴产业统计监测指标体系。利用收集到的最新数据，构建指标体系与实证测评的桥梁，使理论研究得以转化为实证研究。在解决问题环节，本书对我国的整体战略性新兴产业和典型战略性新兴产业领域进行监测，分析我国战略性新兴产业的格局，不同层次结构之间的梯度性和协调性，对我国战略性新兴产业的发展趋势进行预测，从质量、效率和结构层面挖掘战略性新兴产业对经济社会发展的影响。本书的技术路线图如图 1-1 所示。

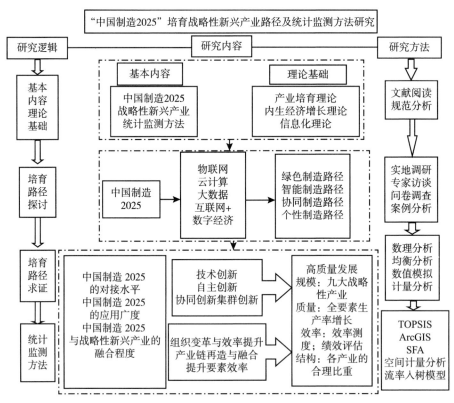

图 1-1 研究技术路线

1.3.2 研究的主要内容和主要观点

本书研究的主要内容包含两大部分：其一，通过对政府干预路径、要素集聚路径、技术依赖路径的深入探讨，研究"中国制造2025"背景下战略性新兴产业的培育路径分析；其二，针对本书的研究对象，诸如节能环保产业、新一代信息技术产业、高端装备制造产业、生物医药产业、新能源产业、新材料产业、新能源汽车产业、数字创意产业和相关服务业等九大战略性新兴产业，分别从整体角度和个体角度对战略性新兴产业的统计监测进行研究，并提出具有针对性的发展对策和建议；同时，对典型省域的战略性新兴产业进行统计监测，以期在省域层面寻求战略性新兴产业的转型升级方式、方法和高质量发展路径。最后，采取"麻雀解剖式"的分析方式对典型企业进行统计监测，总结该企业所属战略性新兴产业的发展基本态势，对更宏观层面的产业发展提供有益参考和借鉴价值。通过对整体战略性新兴产业、典型产业、典型省域和具体企业的研究，归纳总结出"中国制造 2025"培育战略性新兴产业的路径，进行统计监测并提出优化策略。

本书研究的主要观点是：在对"中国制造 2025"培育战略性新兴产业的路径分析过程中，政府干预路径、要素集聚路径结果均显著，路径依赖路径效果并不显著；在对经验模式进行归纳后，提出"中国制造 2025"培育战略性新兴产业的路径优化应以需求侧导向和价值驱动为抓手。

在对中国战略性新兴产业进行分析的基础上，本书讨论并选择了合适的统计监测方法，本书运用熵权 TOPSIS 分析方法对整体战略性新兴产业、典型产业、典型省域和具体企业进行了统计监测，得出如下观点。

其一，新一代信息技术产业整体经济效率处于平均水平。本书选取了 192 家上市公司进行了统计监测，其中中国移动、中国联通等10 家新一代信息技术企业属于第一类；海信视像、闻泰科技、深科技等 135 家企业属于第二类；凯撒文化、鸿利智汇、精研科技等其余47 家属于第三类；新一代信息技术产业在战略性新兴产业中发展较平稳，由于是 5G、IPv6、人工智能、机器学习等前沿技术嵌入最深的产业，因此，新一代信息技术产业是未来信息化生产力提升的重大力量。

其二，高端装备制造产业整体经济效率处于平均水平。其中，高端装备制造产业的细分领域中有 20% 的产业处于领先水平，1/3 的产业处于高水平。本书选取了78家高端装备制造产业的上市公司进行统计监测,海目星、海希通讯、天准科技等11家高端装备制造企业属于第一类;东杰智能、江苏北人、哈工智能等65家企业属于第二类;拓斯达和罗博特科2家属于第三类。高端装备制造产业在战略性新兴产业中具有举足轻重的作用,也是"中国制造2025"战略蓝图的重要抓手之一。

其三,新材料产业的整体经济效率处于平均水平。有研粉材、中洲特材、福达合金、斯瑞新材、中科三环等五家企业为第一类,该类企业属于新材料产业细分领域如新型显示材料、特种无机非金属材料,是新材料中市场应用广、受众面宽、垄断局面尚未形成的领域,企业生产的地点也有重要的影响;屹通新材、图南股份、云路股份、博威合金等20家企业是第二类,是新材料产业的主体;有鑫科材料、英洛华、华达新材等3家为第三类企业。新材料产业是战略性新兴产业的基础,是其他战略性新兴产业的上游产业,是重要的基础性产业。

其四,新能源汽车产业的整体经济效率处于较低水平。理想、比亚迪、广汽、长城汽车、长安、丰田、吉利、上汽集团等8家新能源汽车企业为第一类企业,该类企业属于新能源汽车产业的翘楚,该类企业在产品设计上能紧扣市场,在新冠疫情期间,车辆销售异常艰难,它们选择了正确的营销策略和金融策略,同时能对产品结构进行快速调整,严格管控成本费用,企业的净利润率实现扭亏转盈。东风、小鹏、蔚来、北汽、江淮等5家新能源汽车企业为第二类企业。作为战略性新兴产业极具潜力的产业,新能源汽车产业中,电车制造产业、低速载货汽车制造产业的经济效率处于行业的领先水平,但是汽车零部件制造产业、汽车整车制造产业处于行业的低水平。这种差异的主要原因是新能源汽车来自政府补贴大、规模化生产的新能源汽车技术尚未成熟,新能源汽车市场波动极大,市场认同度有待提高。

其五,新能源产业的整体经济效率处于平均水平。黔源电力、涪陵电力、长江电力、宁波能源等企业属于新能源企业第一梯队；富春环保、重庆水务、川能动力等 9 家属于第二梯队的新能源企业；甘肃电投、武汉控股、首创环保等 30 家属于第三梯队的新能源企业；华通热力、深圳燃气、中山公用等 49 家属于第四梯队的新能源企业；金山股份、祥龙电力两家新能源企业因综合评价得分较低，属于第五梯队，表明在新能源企业的统计监测中，这两家企业的财务绩效水平较低。新能源产业是中国实现绿色制造、低碳制造的重要支撑产业，也是其他战略性新兴产业的能源供应基础。

其六，节能环保产业的整体经济效率处于高水平。神雾节能、武汉控股、玉禾田、正和生态等 4 家节能环保企业属于节能环保企业第一梯队；绿茵生态、钱江生化、创业环保等 87 家企业属于节能环保产业的第二梯队，该梯队企业是节能环保产业的主体；国中水务、兴源环境、华控赛格等 3 家属于第三梯队的节能环保企业，表明在节能环保企业的统计监测中，这 3 家企业的财务绩效水平较低，其原因：一方面，这是由这 3 家企业的经济发展状况引起的，它们的主营业务收入在行业内都处于落后地位，难免会在企业转型上缺乏资金支持；另一方面，这 3 家企业都是以传统能源为主，对环境的污染也较为严重，所以亟须调整这 3 家企业的发展策略，走绿色制造发展路径。节能环保产业与新能源产业相辅相成，节能环保产业的发展促进了新能源产业的发展，新能源产业的更新带动了节能环保企业的升级，甚至能影响社会公众对绿色能源的重视；新能源产业和节能环保产业都是践行绿色发展、绿色制造、低碳环保理念的行动方。

其七，数字创意产业的整体经济效率处于高水平。以 edge、ibox，hotdog 等数藏平台为代表的 14 家在中国数藏圈具有显著影响力的企业是第一类；以鲸探、唯一艺术、元艺数（Artmeta）等数藏平台为代表的 41 家数字创意企业是第二类；光明数藏、星昼、元视觉等 21 家数字创意企业是第三类；以非同数艺、丸卡、淘票票等数藏平台为代表的 23 家数字创意企业是第四类；最后的一花（YIHUA）

数藏1家公司为第五类数字创意企业。作为战略性新兴产业新增的产业之一，数字创意产业同时是数字经济的重要组成部分，具有与其他战略性新兴产业不同的特点。一方面，本书中的第一类和第二类数字创意企业无一例外在热度、流通方式、登陆方式等方面均有着较为出色的表现；另一方面，高涨的市场环境是其发展的又一关键要素。自facebook更名meta以来，元宇宙的概念被广泛传播，随着知名度的提高，人们的价值共识也得以塑造，优秀的数字创意企业也因此"出圈"了。

其八，生物医药产业的整体经济效率处于平均水平，其中生物医药产业的细分领域中有45.5%的产业处于领先水平，45.5%的产业处于高水平。生物医药产业的高水平产业达到91%，可以看出，生物医药产业是一个朝阳产业，尤其是在如今老龄化加剧的时代更为突出。

战略性新兴产业是互相促进、互相溢出的产业群，是新生产力的代表，是破除环境污染的途径，也是未来产业发展的重心。

1.4　学术价值与应用价值

（1）学术价值。本书的理论学术价值体现在两个方面：一是对"中国制造2025"和产业培育理论、供给侧结构性改革在内容上的完善和补充，对战略性新兴产业的相关监测研究分析方法给予丰富和扩充；二是能够正确揭示当前我国战略性新兴产业总体的发展质量与水平，而且也能够为我们准确判断我国各典型战略性新兴产业的生产技术效率、准确认识其影响因素提供比较稳健的实证支撑，并为进一步培育战略性新兴产业高质量发展提供相关政策建议。

（2）应用价值。本书的应用价值主要体现在四个方面：一是构建了"中国制造2025"与战略性新兴产业的培育路径；二是利用中国战略性新兴产业的时空数据和熵权TOPSIS等科学统计研究方法，监测整体的中国战略性新兴产业的效率；三是监测中国的典型战略性新兴产业的经营效率提升方向和大小，对从属于该产业的各上市公司进行综合评价分析并对其分类，并对不同类别的战略性新兴企业提供相关发展建议；四是从区域的角度对战略性新兴产业进行监测分析。由于中国幅员辽阔，各个区域战略性新兴产业发展阶段不同，本书通过对江西省的战略性新兴产业转型升级模式进行实证研究，找出不同地市的战略性新兴产业转型升级的变化规律，衡量江西省战略性新兴产业的发展质量和协调发展程度，为"中国制造 2025"培育战略性新兴产业构建科学的统计监测方法。

1.5　创新和特色

本书在梳理、吸纳前人研究成果的基础上，力求有所创新，本书的创新和特色主要体现在以下四个方面。

（1）将战略性新兴产业的统计监测置于"中国制造 2025"背景下进行研究，通过归纳梳理，对战略性新兴产业进行科学界定，分析"中国制造 2025"对战略性新兴产业的传统培育路径提出的挑战。同时，从需求侧导向和价值驱动的角度探讨其影响机理，优化了战略性新兴产业的培育路径，为"中国制造 2025"的拓展应用研究提供了相应的理论背景，对推动当前我国学术界从应用角度开展"中国制造 2025"培育其他相关产业路径理论研究有一定的积极意义。

（2）依据典型战略性新兴产业的特点，引入熵权 TOPSIS 模型，将战略性新兴产业统计监测指标体系分为盈利、偿债、营运、发展四个层面。不仅具有强烈的理论依据，也较充分地体现了当前我国战略性新兴产业的现实特点，具有一定的理论特色。

（3）系统地监测了整体中国战略性新兴产业的效率，并对中国战略性新兴产业的产业差异和整体格局进行了实证检验，弥补了当前我国学术界对战略性新兴经济效率监测研究限于生产技术效率等方面测度的不足。

（4）从典型战略性新兴产业和典型区域战略性新兴产业两个层面对中国战略性新兴产业进行统计监测。前者是监测中国的典型战略性新兴产业的经营效率提升方向和大小，对从属于该产业的各上市公司进行综合评价分析并对其分类，并对不同类别的战略性新兴企业提供相关发展建议；后者从区域的角度对战略性新兴产业进行监测分析。由于中国幅员辽阔，各个区域战略性新兴产业发展阶段不同。本书将宏观和微观数据相结合，实证检验中国战略性新兴产业的影响，是一种定性与定量研究相结合的范式，对推动中国战略性新兴产业统计监测体系的构建和方法的提升起到添砖加瓦的作用。

第 2 章

概念界定与相关理论基础

　　战略性新兴产业于 2009 年提出，之后在 2018 年《国务院关于加快培育和发展战略性新兴产业的决定》中战略性新兴产业新增了数字创意产业和相关服务业两大类。"中国制造 2025"于 2015 年 5 月由国务院发文，"中国制造 2025"对战略性新兴产业的培育是近年来研究的重要方向之一。本章将在明确界定战略性新兴产业其相关概念的基础上，简要介绍相关理论基础。

2.1　概念界定

　　为了准确地对我国培育战略性新兴产业的发展状况进行评价和分析，首先必须明确界定战略性新兴产业及相关概念。

2.1.1　战略性新兴产业的内涵

　　早期国外学者关于战略性产业的研究主要集中在行业标准及特征方面，如赫斯曼（Hirschman，1966）最早提出了战略性产业概念，他将战略产业视同主导产业，并将处在投入 – 产出关系中联系最密切的经济体系称为战略部门，即主导产业部门；克鲁格曼（Krugman，1986）将战略性产业的研究引入国际贸易保护政策领域，并提出了识别战略性部门的两项标准。近年来国外学者探讨了新兴产业的形成及特征，如 Potter（1997）认为，新兴产业形成的主要原因是技术创新、相对成本关系的变化、新的消费需求的出现；埃里科克和沃茨（Erickcek & Watts，2007）强调新兴产业通常等同于范式转变。

为抢占新一轮经济和科技发展制高点，国际上其他国家也纷纷出台相应措施，提出发展战略性新兴产业。例如，美国选择高科技清洁能源行业、生物工程、航空业、电动汽车及纳米技术等产业作为战略性新兴产业；日本选择环境与能源、医疗与护理、新能源汽车、信息技术等产业作为战略性新兴产业；韩国选择新再生能源、高质量水处理、传播信息整合产业、IT 融合系统、纳米新材料、医疗设备等产业作为战略性新兴产业；英国选择新能源、信息通信技术、生物、先进制造等产业作为战略性新兴产业。

在国内，国家层面已先后出台了《国务院关于加快培育和发展战略性新兴产业的决定》《关于鼓励和引导民营企业发展战略性新兴产业的实施意见》《关于促进战略性新兴产业国际化发展的指导意见》《"十二五"国家战略性新兴产业发展规划》等有关战略性新兴产业政策文件以及《国务院关于加快发展节能环保产业的意见》《节能与新能源汽车产业发展规划（2012—2020 年）》《新材料产业"十二五"发展规划》《生物产业发展规划》等专项产业规划。

2.1.2 "中国制造 2025" 的内涵

在"中国制造 2025"战略推出以后，之前的财政、金融、科技等不同部门配套的政策难以形成合力，所以在"中国制造 2025"战略的推动下，政府应该加快落实具体的行动方案，将之前在质量、规模等方面有限的发展范围扩大，实现全方位的发展，切实采取行动方案，并定期检验成果，执果索因，验证行动方案的有效性和可行性，做到定点查找原因，从源头制定正确的行动方案，走适合中国的发展道路。"中国制造 2025"的提出是为了跟上世界工业发展的潮流，推动我国实施创新驱动发展战略，加快经济转型升级，同时在"中国制造 2025"战略的实施下，推动了"一带一路"倡议的发展，让一大批企业走出国门，走向世界。主要体现在：政策的支持，政府制定金融、贸易、进出口等优惠措施，鼓励国内企业在国外，包括"一带一路"共建国家深入发展；深化产业国际合作，落实"一带一路"倡议，通过政府推动、企业主导、创新商业模式，由简单的劳资关系转为合作研发、市场营销等高端环节，增加生产制造前沿和后续的合作，增强创新意识，提高自主研发能力，更好地为"中国制造 2025"服务。中国制造业发展时间尚短，大部分制造企业没有统一的生产制造标准，加上中国地区发展极度不平衡，表现为东南沿海发展水平高，内陆地区发展迟缓，加剧了这种状态，而推出的"中国制造 2025"战略规划仍有很多具体行动方案没有落实，因此迫切需要我国提升生产制造标准：向发达国家学习先进的发展经验，制造强国尤其是以德国为代表，制造业已经发展了数十年甚至百年，不论是在制造技术还是创新领域都遥遥领先；加强与制造强国的产业合作，优势互补，提升中国先进制造业的技术创新和管理水平；提高自主研发能力，由于生产技术水平的限制，我国每年的能耗大，资金浪费也很大，企业可以拿出一部分的生产利润来创新生产技术，减少能耗，降低生产成本，这样可以直接推动"一带一路"倡议深入到其他国家。"中国制造 2025"是我国实现制造强国的"三步走"第一步，为了赶上世界工业发展的大潮流，中国结合自身的发展状态推出此强国战略，并提出各种战略任务、重点工程等措施，同时这也是对内的一种发展战略，而对外中国推出"一带一路"的倡议，以带动"一带一路"共建国家的经济发展，在这种一内一外的发展战略结合下，中国既可以实现自身的经济发展，又可以把中国"推出去"，促进世界经济的发展。

"中国制造2025"是我国制造强国战略第一个十年规划，制造业发达的国家，比如德国，为了进一步推进国家工业的发展，推出工业4.0的发展战略，而中国为了赶上世界工业发展的潮流，在2015年也推出"中国制造2025"战略，发达国家的战略推进对于中国制造业、中国经济乃至世界制造业、世界经济都会产生积极影响。

"中国制造2025"中心目的在于提质增效，其主线是制造业的信息化和智能化。智能制造是重要着力点，目标是供给侧结构性改革，满足国防建设和经济高质量发展的工业器械需求，促进产业转型升级，实现中国的制造业由大变强的重要突破。"中国制造2025"采取创新驱动、质量为先、绿色发展、结构优化、人才为本的发展方针，其发展的基本原则是市场主导、政府引导，立足当前、着眼长远，整体推进、重点突破，自主发展、开放合作。

"中国制造2025"的战略目标在于通过"三步走"实现制造强国。《中国制造2025》将建设制造强国的进程分为三个阶段：

第一步，力争用十年的时间，迈入制造强国行列。

第二步，到2035年，我国制造业整体达到世界制造强国阵营中等水平。

第三步，新中国成立一百年时，制造业大国地位更加稳固，综合实力进入世界制造强国前列。

通过"三步走"，实现制造强国的战略目标。

建设制造强国，必须紧紧抓住当前难得的战略机遇，积极应对挑战，加强统筹规划，突出创新驱动，制定特殊政策，发挥制度优势，动员全社会力量奋力拼搏，更多依靠中国装备、依托中国品牌，实现中国制造向中国创造的转变，中国速度向中国质量的转变，中国产品向中国品牌的转变，完成中国制造由大变强的战略任务。

"中国制造2025"的主要指标如表2-1所示。

表 2 - 1　　　　　　　　　"中国制造 2025" 主要指标

类别	指标	2015 年	2025 年
创新能力	规模以上制造研发经费内部支出占主营业务收入比重（%）	0.95	1.68
	规模以上制造业每亿元主营业务收入有效发明专利数（件）	0.44	1.1
质量效益	制造业质量竞争力指数	83.5	85.5
	制造业增加值提高	—	提高 4 个百分点
	制造业全员劳动生产率增速（%）	—	6.5% 左右（"十四五"）
两化融合	宽带普及率（%）	50	82
	数字化研发设计工具普及率（%）	58	84
	关键工序数控化率（%）	33	64
绿色发展	规模以上单位工业增加值能耗下降幅度	—	比 2015 年下降 4%
	单位工业增加二氧化碳排放量下降幅度	—	比 2015 年下降 40%
	单位工业增加值用水量下降幅度	—	比 2015 年下降 41%
	工业固体废物综合利用率（%）	65	79

资料来源：国务院．国务院关于印发《中国制造 2025》的通知，2015 - 05 - 08，www. gov. cn.

"中国制造 2025" 的战略任务和重点在于提高国家制造业创新能力、推进数字化与工业化深度融合、强化工业基础能力、加强质量品牌建设、全面推行绿色制造、大力推动重点领域突破发展、深入推进制造业结构调整、积极发展服务型制造和生产性服务业、提高制造业国际化发展水平。

虽然 "中国制造 2025" 实施以来，制造业的技术水平有了显著提高，但是同样面临着以下瓶颈。

（1）对 "中国制造 2025" 认识不足。

"中国制造 2025" 是我国制造强国战略第一个十年规划，上述的研究现状阐述了各界对中国制造的不同侧重点，之所以存在这种情况，是因为该战略提出的时间尚短，专家们从不同的角度去剖析，国家对这方面更多的是战略性的目标、任务等，缺乏结合中国当下发展的具体行动方案，或者说推出相关的行动方案，仅仅停留在很早之前强调的创新、质量、规模等，并没有跳出此前的几个范围，致使脱离发展的步伐，导致方案没有达到预期的效果，甚至很多行动计划仍旧在计划中，没有付诸实践。

（2）受制造业发达的国家影响较大。

制造业发达的国家，比如德国，为了进一步推进国家工业的发展，推出工业4.0的发展战略，而中国为了赶上世界工业发展的潮流，在2015年也推出"中国制造2025"战略，发达国家的战略推进对于中国制造业、中国经济乃至世界制造业、世界经济产生影响。一般来说，发达国家的战略仅仅影响了中国制造的战略层面，但事实上，不仅是战略层面，方案层面、行动层面乃至发展模式层面都产生了很大的影响，因此在跟上时代发展的潮流时，不能照搬，照单全收其他国家的发展规划，这对于中国，一定要走好这一步，才可以成为其他发展中国家的旗帜标杆，从而带动世界经济的发展。

（3）制造标准偏低偏弱。

学术界普遍认为中国制造业"大而不强"，不论是从基础的零部件、制造技术与制造工艺，还是关键的核心技术，远远比不上制造强国，因此带来产业产能过剩，在这上面每年浪费几千亿的资金，而在核心技术方面，只能依靠进口，使用别人的专利技术，以上这些充分说明中国制造水平低，与国家成为制造强国标准相差很大，影响中国制造强国战略的实现。

所以，针对理论研究的现状，需要落实"中国制造2025"相关政策。自国家提出"中国制造2025"已有八年之久，现在到了发展的关键期，各级政府应该根据发展的不同阶段制定相应的战略任务，加快产业转型升级，协调好配套规划之间的政策措施及协调好单项规划政策措施，构成系统性的支持方案，目的是让不同政策之间实现良性互动。

中国制造的战略支撑和战略保障体现在：深化体制机制改革、营造公平竞争市场环境、完善金融扶持政策、加大财税政策支持力度、健全多层次人才培养体系、完善中小微企业政策、进一步扩大制造业对外开放、健全组织实施机制，这样才能助力中国制造的高质量发展。

2.2　相关理论基础

通过上文对相关概念的界定可知，战略性新兴产业起源于高技术产业，由高技术产业发展变化而来，赋予了战略产业、前沿产业新的内容和新的模式。因此，为了更好地理解战略性新兴产业的发展脉络，更客观地评价和测度其发展状况，我们有必要对相关经济理论进行简要概述，并进一步分析"中国制造2025"培育战略性新兴产业的重要培育路径。

2.2.1　产业培育理论

（1）产业生命周期。

产业生命周期是每个产业都要经历的一个由成长到衰退的演变过程，是指从产业出现到完全退出社会经济活动所经历的时间。一般分为初创阶段、成长阶段、成熟阶段和衰退阶段四个阶段。识别产业生命周期所处阶段的主要标志为市场增长率、需求增长潜力、产品品种多少、竞争者多少、市场占有率状况、进入壁垒、技术革新及用户购买行为等。产业生命周期曲线忽略了具体的产品等的差异，仅仅从整个产业的角度考虑问题。在初创阶段，由于新产业刚刚初建，市场进入者少，投资研发费用高，市场需求较小从而使得创业者面临巨大的投资风险。同时在初创阶段，企业也可能由于资金短缺，面临较大的财务困难，进而引发破产风险等。在成长阶段，新产业的产品在经过广泛宣传及消费者试验后，市场需求量逐渐增大，投资新产业的厂商也随之大量增加。产品也逐渐从单一、低质、高价向多样、优质和低价方面发展，产业呈现市场增长率高，需求高速增长，技术渐趋定型，产业特点、产业竞争状况及用户特点已经比较明朗，企业进入壁垒提高，产品品种及竞争者数量不断增多的特征。在成熟阶段，这一阶段的特征表现为市场增长率不高，需求增长率不高，技术上已经成熟，行业特点、行业竞争状况及用户特点非常清楚和稳定，买家市场形成，行业盈利能力下降，新产品和产品的新用途开发更为困难，企业进入壁垒很高。在衰退阶段，这一阶段的特征为市场增长率下降、需求下降、产品品种及竞争者数目减少。

（2）产业政策理论。

产业政策理论是为制定产业政策的一种经济理论。通过对产业政策的研究，为产业政策的制定与选择提供原理、原则和方法。同时，在应用方面，产业政策是指一个国家的中央或地方政府在为了其全局和长远利益的情况下主动干预产业活动采取的系列政策的总和，主要包括产业结构政策、产业布局政策、产业组织政策等。产业政策对战略性新兴产业的产业培育具有弥补市场失灵的缺陷、推动战略性新兴产业的起步和加速发展的作用。

（3）战略性新兴产业培育理论。

战略性新兴产业是新一轮技术革命和产业革命推动的新兴产业，是实现未来经济持续增长的先导企业，具有广阔的市场前景和引领科技进步的能力，对国民经济发展和产业结构转换具有决定性的促进和导向作用。战略性新兴产业包括新一代信息技术产业、高端装备制造产业、新材料产业、生物产业、新能源汽车产业、新能源产业、节能环保产业、数字创意产业、相关服务业等九大产业领域。同时战略性新兴产业具有创新性、高风险性、高投入性、高回报性、时间变化性等特征。基于此，对于战略性新兴产业的培育和发展，政府的引导和市场的持续发力尤为重要。

（4）战略性新兴产业培育基本模式。

第一，以美国为代表的产学研相结合的市场化培育发展模式。美国注重战略性新兴产业技术的开发和应用，同时推动和促进社会多方力量在战略性新兴产业上的合作，已形成政府、企业、科研机构和大学之间联合研究开发的生产机制。这一市场化培育模式对美国战略性新兴产业的发展起到较大的推动作用，其中美国硅谷的成功是最好的证明，硅谷聚集了大量的科技企业，有美国最大的半导体、信息技术等科技企业群落。硅谷充分利用本地资源，创建独具特色的区域创新网络，通过人才、技术、资金在本地的互动，最终使得该地区能够协调、迅猛地发展。硅谷也被公认为世界上最成功的战略性新兴产业集群地。在这一模式下，企业既是产学研合作投入的主体，也是产学研合作创新的主体和科技成果转化的主体。高校和科研院所的科技创新活动主要围绕企业的实际需要和市场经济的要求开展，具有极强的成果转化能力。科技中介组织在产学研合作中起到重要作用，在产学研合作中发挥着沟通协调作用，为产学研合作创造了良好的服务环境，同时资本市场的成熟和风险投资的引入为产学研合作的顺利进行提供了可靠的保障。

第二，以日本为代表的政府积极干预发展模式。日本政府明确规定对战略性新兴产业实施税收优惠、特别折旧制度及发放各种专项补贴，鼓励和引导战略性新兴产业的培育和发展。同时，在资金支持方面，日本政府还通过制定相关法律等利用行政手段要求日本的金融机构向基础产业和高新产业提供贷款，对其进行有效的资金支持。在政府主导型的战略性新兴产业发展模式中，日本政府利用宏观经济政策在战略性新兴产业培育上发挥着巨大作用，由政府主导规划技术发展战线、筹建战略性新兴产业集群、制定发展战略和经济计划等。同时日本政府也通过产业政策来促进战略性新兴产业有序发展，通过健全法律法规的配套措施来保证产业合理化政策目标的实现。

第三，以韩国为代表的从政府主导向民间主导型转变模式。韩国从前期贸易立国、出口第一的战略思想转向"技术立国"战略，大力发展战略性新兴技术产业。制定一系列鼓励措施，促进民间企业研究开发方面的资金投入。

2.2.2 产业关联效应和产业集聚

产业关联效应是指由于产业链条上的跨国公司与当地企业通过关联效应进而带动东道国行业的技术进步。也就是说，跨国公司通常具备技术、信息、管理等方面的优势，当跨国公司与东道国的相关行业的上游企业及产业链的下游企业发生生产联系时，东道国的这些企业就能从跨国公司所生产的先进产品、工序流程及市场销售知识中"搭便车"，进而发生技术溢出效应。部分学者认为该技术溢出效应的大小在很大程度上取决于两个产业之间关联的广度和深度，即产业的相似度、广度和深度越大，则产业之间的技术溢出效应越大。同时，产业关联效应分为前向关联效应和后向关联效应。

前向关联效应是指发包国企业对东道国销售商等下游产业产生的影响，其来源于发包国企业进入东道国之后对最终产品及售后服务的影响。发包国企业要求东道国企业提供符合其要求的最终产品或服务，这些要求会促使东道国企业提高自身的标准，积极主动采用更加先进的业务流程，进而促进了东道国企业自身技术水平的提高。前向关联效应是跨国公司对东道国企业的授权效应。例如，东道国厂商为跨国公司提供产品销售和售后服务等多种服务，在此过程中东道国企业与跨国公司会签订特许经营权经营协议从而获得跨国公司有关专门销售技巧的培训、销售设备及销售策略的支持，偶尔跨国公司还从总部直接派专业技术人员来上门服务，传授技术知识和管理知识，这些技术、知识及管理经验被东道国的下游企业吸收后，就产生了技术溢出效应。

后向关联效应是指东道国企业按照合同向跨国公司提供生产所需的原材料、零部件和售后服务时，跨国公司出于对产品质量的考虑，于是会对东道国企业提出更高的质量要求，同时会提供改进产品质量的信息、技术及相关管理方面的培训活动，这种情况下技术溢出效应发生。承接国际服务外包可以通过产业关联效应促进东道国企业的技术进步。在生产链条中，发包国企业对东道国的生产材料供应商等上游产业产生影响，其来源是发包国企业进入东道国之后它的投入对中间产品市场规模大小的影响。后向关联效应导致了两方面的增长：一方面，随着中间产品的规模扩大，于是产生规模经济效应，进而使得生产成本下降；另一方面，中间产品规模的扩大也会使得中间产品供给商的数目增加，而这进一步导致东道国市场竞争加剧，市场竞争使得生产率提高；成本降低及生产率的提高都会使得东道国更加吸引外包业务，促进东道国企业的技术水平提高。大多数学者（Lall，1987；Beharman & Walender，1976；Castellani，2002；陈羽，2006）研究实证后普遍认为后向关联效应更明显。

不仅可以通过产业关联效应来提升东道国企业的技术水平，还可以通过产业集聚来承接国际服务外包促进东道国相关行业的技术进步。产业集聚之后，会形成一定规模的多种产业并存的产业园，首先，该产业园内的资源共享，政府会对产业园的基础设施建设进行一定程度的资金和政策支持；良好的基础设施条件和规模经济，就将使得产业园内的企业能够降低成本和提高自身的生产率，这样更有实力承接外包服务业务。其次，产业园能吸引大量的人才，尤其是年轻人，因此相对而言更容易形成优秀的人才库，提高人力资本水平，促进自身技术进步，也能更容易吸引、承接外包业务。最后，产业园内承接国际服务外包的企业集中在一起，有利于信息的传递，互相竞争，企业间互相交流学习，这也促进产业园内各个企业提高生产率，如此对发包国企业更加具有吸引力。

产业集聚是指在特定区域中，具有竞争与合作关系且在地理上集中，有交互性的企业、专业化的供应商、服务供应商、金融机构、相关产业的厂商及其他相关机构等组成的群体。产业集聚在一定空间内形成了专业化的分工、创新的流动、具有相关性及互补性的特征。集聚有利于政府对一些特殊产业扶持政策的实施，同时集聚会形成产业链特征和群落特征，从而更容易诱发战略性新兴技术的创新和相关企业的产生，从而迅速培育和壮大产业。

产业关联效应和产业集聚都有助于东道国更加有能力吸引和承接技术含量更高、数量更多的外包业务，通过这个渠道会促进东道国的技术进步，如中国已经建立多个国家软件产业基地，并且形成北京、大连、深圳、天津、上海、西安等6个（城市）软件出口基地，吸引承揽了不同国家的软件外包业务，促使软件行业得到了快速良好的发展，这是产业集聚和产业关联效应作用的具体体现。

2.2.3 溢出效应理论

研发溢出效应（R&D spillover effect），其经济基础和实践主体源于跨国公司的形成、扩张和发展，是跨国公司在东道国进行外商直接投资之后，引起东道国相同性质企业技术、生产率的提高，促进生产力的进步；然而进行外商直接投资的跨国公司无法将全部收益内部化的而形成的一种外部效应。进一步对研发溢出效应的总结为：低技术国家或者行业从研发活动中获得技术知识，并且利用这一技术知识提高自身的技术能力和生产水平，而无须补偿高技术国家或者行业。相关的学者研究已经证明，这种外部效应对东道国是有益处的，溢出效应可以促使企业技术水平、人员的组织效率不断提高，进而提高企业生产力水平，实现企业的内生化增长。

在以往的分析中，这种对东道国有益处的正外部性，从溢出效应的来源和实质内容来看，称为研发溢出效应。事实上，技术的来源仍然是国家、行业甚至是企业的研究与试验发展的活动，无论是从形式上还是从渠道上来命名，都是对研究与实验发展活动的不同形式的表达。换句话说，溢出效应的实质是研究与试验发展活动的正外部性，研发溢出效应、技术扩散效应、外商直接投资溢出效应等都是外在的表现形式，是内容与形式的关系。为了体现内容与形式的一致，本文使用研发溢出效应这一概念，结合本书的研究对象为一个国家的所有工业行业，因此其定义为：低技术行业从研发活动中获得技术知识，并且利用这一技术知识提高自身的技术能力和生产水平，而无须补偿高技术行业。

1. 示范学习效应

发达国家的企业为了维持和发展自身的核心竞争力，将有限的资源用于自身企业具有相对优势的业务上面，会选择将非核心的部分业务外包给发展中国家的企业来完成，以此降低生产成本。虽然对于发达国家的这些发包国企业来说是非核心的业务，但是并不代表这些业务是可以忽略的，它们乃是生产中不可或缺的重要环节，同时，对于技术不先进发展中国家的接包国企业来说，这些业务是接包国企业具有相对优势的业务。接包国通过承接国际服务外包业务，可以与发包国进行生产交流或合作，通过"干中学"模仿和学习发包国所具备的优势技术和先进的管理经验，不断积累知识和经验，在完成发包国业务的同时，促进了接包国的技术进步、提高了接包国的生产率及接包国与国际接轨的能力。

因此，示范学习效应是指国内企业通过学习和模仿跨国公司的新产品、新技术、先进管理经验等来提高自身的技术水平和管理能力。示范学习效应主要发生在外商直接投资进入的初始阶段，Kokko（2009）认为一旦跨国公司与接包国企业直接接触就会产生示范学习效应，同时示范学习效应大多具有准公共物品的性质。具体形式主要体现在，接包国企业可以通过对外资企业参观考察，了解有关外资企业新产品、新技术、新工艺、新设备及先进组织管理模式、营销策略等相关技术和经验。示范学习效应的作用主要体现在通过示范学习效应不仅可以降低接包国企业的创新成本和极大地避免不确定性风险，而且能够在短期内促进接包国企业自身的技术水平和管理水平的提高。例如，文思海辉技术有限公司在承接国际软件外包业务中，通过接触国际上先进的软件技术，不断提高公司的技术水平和管理水平，才一步步地走向软件外包业务的高端价值链，成功地利用了研发溢出的示范学习效应。马库森（Makusen，2007）采用动态模型证实外商直接投资通过专家的示范作用能够促使跨国公司先进技术和知识向接包国转移，同时还发现跟随外国专家进行学习能产生更大技术溢出效应的现象。当然，值得注意的是，由于跨国公司对本公司核心技术的保护，在这个过程中，溢出的技术往往不是关键技术，其含金量较低。另外，示范学习效应还会通过逆向工程发挥作用，即本国企业通过对跨国公司的先进产品进行拆分，摸清其内在构造和工作原理，从而迅速得到该项技术，本国企业又产生了技术外溢。由于逆向工程的部分先进产品在市场上较易获得，同时具有绕开、突破跨国公司对技术封锁的优点，目前逆向工程被落后国家和企业广泛使用，这被看作获取先进技术和信息的重要手段之一。

2. 竞争效应

发达国家的企业资金、技术及先进的组织管理方式的进入，使得东道国企业不仅面临本国企业的竞争，也要面临外资企业对国内市场的分割，进而使竞争更加激烈。这在一定程度上可以消除垄断，竞争的加剧促使东道国企业加大研发投入，加速生产设备、生产技术和工艺流程的升级换代，加强对基础设施的建设，使得东道国企业的资源配置效率更高也更加优化，进而促进东道国企业技术的进步。

通过竞争效应，东道国企业的技术会持续地进步，东道国企业与发包国企业之间的技术差距也会逐渐缩小，这样东道国企业才能更有能力承接技术含量高且处于价值链高端的外包业务，借助外包业务来促进东道国企业的产业升级和技术进步。同时，发包国企业为了保持自身的技术领先地位，保持竞争优势，不断开发新的技术，对东道国企业将会转移更多的先进技术和更多的外包业务，在这种情况下，技术外溢效应又将增加，进一步促进东道国的技术进步。外商直接投资的进入会打破东道国原有的市场竞争分布格局，并同东道国企业争夺市场、劳动力和原材料资源。面对这种形势，东道国企业迫于生存的需要，不得不积极开展研发活动、增加研发人力物力投入，开发新产品、采用新技术、提高管理水平；与此同时，跨国公司为扩大和维持市场份额会进一步加大研发投入力度，提高创新能力和维持高技术水平。因此，竞争效应对东道国企业的生产力提升带来了一种良性循环。

第 3 章

"中国制造 2025"培育战略性
新兴产业路径研究

"中国制造 2025"培育战略性新兴产业路径研究从理论分析、经验模式和路径优化展开，遵循理论指导实践，实践反馈理论的逻辑框架，为稳步培育战略性新兴产业提供发展指南。

3.1 "中国制造 2025"培育战略性
新兴产业路径的理论分析

"中国制造 2025"培育战略性新兴产业路径的理论基础是产业培育理论、产业关联效应和产业集聚理论，涉及培育路径的核心是政府干预、生产要素和技术依赖。从理论上进行分析，"中国制造 2025"培育发展战略性新兴产业有以下三条路径：政府干预路径、要素集聚路径和技术依赖路径。

3.1.1 政府干预路径

"中国制造 2025"培育战略性新兴产业路径之一是政府干预路径，这一路径体现的发展模式是政府推动模式。我国在经济转型背景下，为了实现政府的公共利益动机和私人利益动机，完成政府承担的就业、稳定、养老、教育、医疗等目的，以"经济参与人"的身份对区域战略性新兴公司和产业的投资行为实施干预，干扰企业投资行为的既定目标，企业进行了一些丧失经济利益目标的投资，造成企业投资的非效率。政府干预的范围涉及制造业市场、战略性新兴产业市场、传统行业市场，对其有不同程度和方向的影响（李丰团，2013；孔婷婷，2017；王明益、石丽静，2018）。

从企业的角度来看政府干预，中国较多的国有控股企业通过剥离原国有企业的优质资产进行分拆上市，剩余的非优质资产给当地政府带来了较大的债务、税收、就业和稳定等负面影响，但是当地政府通过定向增发、注入盈利性较好的国有控股上市公司，如此，非优质资产通过注入上市公司得以改善其经营绩效，盘活了非优质资产。但同时"非政策失败理论"作用于实践。研究发现，由于战略性新兴产业自身的特点，导致战略性新兴产业的培育路径中，与政府的优惠政策相比，融资渠道、劳动力、投资平台的作用更为显著（李胜会、刘金英，2015；孙慧，2017；吕岩威，2020）。

从宏观的角度来看政府干预，随着当今世界经济发展的变化，各国面临的发展形势仍然严峻，而我国及时提出相关的战略来应对并充分利用这种机会，由此提出建设制造强国的战略。"中国制造 2025"是我国实现制造强国战略的"三步走"的第一步，中国结合自身的发展状态推出此强国战略，并提出各种战略任务、重点工程等措施，同时这也是对内的一种发展战略，而对外中国推出"一带一路"的国家倡议，以带动共建"一带一路"国家的经济发展，在这种一内一外的发展及倡议结合下，中国既可以实现自身的经济发展，又可以把中国"推出去"，促进世界经济的发展（姚耀军、施丹燕，2017；李平、陈萍，2000；刘焱白，2013；李国梁，2017）。

3.1.2 要素集聚路径

"中国制造2025"培育战略性新兴产业另一路径为要素集聚。集聚要素包括资本要素、劳动力要素、外商直接投资、科研人员投入、研发费用投入、科技机构投入等。生产要素倾向于从利润较低的区域流向利润较高的区域，其中以资本要素为主导要素。在市场机制下，全国各地区各战略性新兴产业内部初级要素集聚及梯队要素集聚程度进行循环累计，要素集聚又是专业化生产的空间组织形态。专业化生产与集聚之间存在正反馈的动态良性循环过程，集聚通过市场促进分工的深化，分工通过边际报酬递增强化要素集聚（Baldwin，2003；喻登科，2016；梁琦，2009；Matthias Wrede，2013）。

"中国制造2025"的培育机制包含了政府、科技、人才、市场、资本、研发投入、生态、品牌、风险等要素，中国政府通过一系列政策措施，如财政支持、税收优惠和专项资金等，吸引和扶持战略性新兴产业的发展；中国着力加强基础研究和应用研究，提高自主创新能力，推动技术进步和产业升级；注重人才培养，加强高等教育、科研机构和企业之间的合作互动，培养大量高素质专业人才；将市场需求作为战略性新兴产业发展的重要依托，积极推动技术和市场的融合，满足消费者多样化需求；政府鼓励社会力量参与战略性新兴产业的投资和发展，吸引国内外大量资本进入相关领域；政府鼓励企业、高校和科研机构之间进行产学研合作，促进技术创新和产业升级；政府注重生态环境的保护和治理，推动战略性新兴产业向绿色、低碳方向发展，实现可持续发展；政府鼓励企业注重品牌建设，提高竞争力和附加值，推动战略性新兴产业走向国际市场，打造"中国制造"品牌形象；政府通过设立风险投资基金等方式，为战略性新兴产业提供必要的资金支持，帮助企业突破技术和资本难关。

这些要素的裂变、集聚和拓展相互衔接、相互促进，循环往复更新达到新的水平和门槛。(Ciccone，1998；蔡昉，2009；刘新争，2012；孙晓华，郭旭，王昀，2018)。要素集聚是城市化的基本征兆，要素集聚的结果之一就是促进了城市的战略性新兴产业与服务业的互动关系，这种互动关系导致了区域之间的经济增长差异逐渐加大 (苏雪串，2004；孔善右，2009；程俊杰，2009；张幼文、梁军，2007)。要素集聚在时间上都处于不断变化之中，在空间上则以劳动力、资本、土地的科学使用作为定量分析的精确度量特征，利用全要素生产率、溢出效益等对要素集聚进行研究，利用省域的要素禀赋差异和要素需求差异分别对物质资本要素集聚、技术要素集聚、创新要素集聚进行影响分析，可知具有技术创新的正向作用 (邓惠惠，2009；陶长琪、周璇，2016)。战略性新兴产业协同发展的路径是价值链、知识链、物联网、社会网等要素在不同的区域、行业组成以知识链、价值链、物联网为媒介下的协同发展模式。同时形成协同发展的单核、多核和星形模式 (李胜会、李红锦，2010；喻登科，2016)。

3.1.3 技术依赖路径

"中国制造 2025" 培育战略性新兴产业路径之三为技术依赖路径，战略性新兴产业是指以重大技术突破和重大发展需求为基础，对经济、社会全局和长远发展具有重大引领、带动作用，成长潜力巨大的产业，是新兴科技和新兴产业的深度融合，既代表着科技创新的方向，也代表着产业发展的方向，具有科技含量高、市场潜力大、带动能力强、综合效益好等特征。可知技术对于培育战略性新兴产业的重要性。战略性新兴产业创新以产业需求为导向，进行持续技术创新和协同创新活动，进而实现战略性新兴产业创新成果的产业化，由此获取经济效益、提升竞争力。中国能否在当前和未来的重点产业和战略性新兴产业领域的关键核心技术创新方面，具备持续性、系统性、自主性的全面突破能力，将从根本上成为决定中国能否维持经济高质量增长动力机制的基础性条件，也是成为决定中国能否成功跨入创新型国家前列的前提条件，更是成为保障中国能否拥有最为基本的经济发展安全权利的核心条件（张越，2021；张杰，2021）。技术是第一要务，政策协同、技术变革与战略性产业的匹配程度，是决定战略性新兴产业的发展路径的关键因素，战略性新兴产业的技术效率的提高受限于产业的原有技术水平，这一路径体现的是技术作为核心（程贵孙，2015；项本武，2016；张国胜，2017）。不同发展阶段，技术路径依赖特征也有所不同。邻近性技术路径创造具有路径依赖特征，但其对路径的依赖弱于维持阶段。突破性技术路径创造则不依赖于本地知识基础和能力的制约，具有随机偶然性。然而，在一个城市已经取得突破性技术路径创造后，其发展需要同本地的知识基础进行融合发展，以维持技术比较优势（王建华，2022）。

但是目前我国战略性新兴产业存在自主研发能力和创新能力不足、外部创新不完善、技术成熟和转化率低等问题。站在技术依赖路径角度，为解决以上问题，可采取以下举措：①技术创新可以提高产业发展质量。产业发展质量受要素禀赋条件、产业自身的技术创新能力等因素影响，资本要素、劳动力要素、技术要素是产业发展过程中不可或缺的重要因素，要素禀赋是产业发展质量的决定性因素，技术创新能力是产业发展质量的重要支撑。②技术创新能力对提高中国战略性新兴产业发展质量具有显著的促进作用，即提高技术创新能力有利于提高战略性新兴产业发展质量。技术要素与技术创新能力的交互作用对中国战略性新兴产业发展质量具有正向影响，资本要素、劳动力要素与技术创新能力的交互作用对提高中国战略性新兴产业发展质量具有负向影响（王春杨，2019；孙理军，2022）。创新发展是实现战略性新兴产业发展的必然要求，也为战略性新兴产业发展创造良好环境。战略性新兴产业的发展主要依托于关键核心技术，而关键核心技术的研发不能依赖于技术的引进与模仿，只能通过自主创新实现。相比于自主研发企业，技术并购更能在短期内促进战略性新兴产业创新绩效的提升，但要想获得技术持久提升仍然需要依靠自主研发。并且市场势力较强或技术基础较强的企业采用技术并购更有利于突破性创新能力提升（方炜，2023；刘凤芹，2022）。具体的创新技术方法如下：其一，构建数据平台，打造自主可控产业链。我国数字经济赋能战略性新兴产业创新发展取得一定进展，但存在产业核心竞争能力不强、关键环节自主控制能力较弱问题，因此，要完善创新体系，提高关键核心技术创新能力，推动战略性新兴产业在数字经济引领下向前发展。数字经济下高速发展的"ABCD"技术有助于打破数据孤岛，优化要素资源配置，提高企业运作效率，实现相同创新资源边界下的更多创新绩效，同时通过互联网等数字技术搭建的创新网络打破了传统的市场边界，增强了企业之间的知识溢出效应，为企业创新提供了新路径。其二，积极打造创新生态系统，促进新兴产业高质量发展（潘冬，2022；黄先海，2023）。技术创新是推动战略性新兴产业的核心要素，并且推动战略性新兴产业不断向前发展的重要途径之一就是构建多创新主体、创新要素共享的创新生态系统。协同创新成为战略性新兴产业构建和完善创新生态系统的重要途径。其三，充分发挥金融科技赋能实体经济。深化金融供给侧结构性改革，金融科技能够显著促进企业创新可持续性，金融科技能够通过缓解企业面临的金融错配进而对企业创新可持续性起积极促进作用（周全，2023；刘元雏，2023）。

以上是从理论层面中国战略性新兴产业的培育路径，这些措施相互交织、相互支撑，为相关产业的快速发展提供了有力的保障。

3.2 "中国制造 2025"培育战略性新兴产业的经验模式

前文对"中国制造 2025"培育战略性新兴产业路径的理论进行

了阐述,本节从政府干预路径、要素集聚路径和技术依赖路径在战略性新兴产业具体培育过程中所形成的典型经验和主要模式进行概述。

3.2.1 政府引导模式

政府通过一系列政策措施,如专项资金模式、金融政策支持和科技政策支持等,来吸引和扶持战略性新兴产业的发展。

(1)专项资金模式。

专项资金在"中国制造2025"培育发展战略性新兴产业的过程中发挥着重要的作用,是国家扶持和引导战略性新兴产业的重要政策工具。《国务院关于加快培育和发展战略性新兴产业的决定》《"十二五"国家战略性新兴产业发展规划》(以下简称《规划》)均提出加大对战略性新兴产业的财税政策扶持力度的政策措施。《规划》提出了结合税制改革方向和税种特征,针对战略性新兴产业特点,国家已经开始加快研究、出台并完善和落实鼓励创新、引导投资和消费的税收支持政策。《规划》提出在整合现有政策资源、充分利用现有资金渠道的基础上,建立稳定的财政投入增长机制,设立战略性新兴产业发展专项资金,着力支持重大关键技术研发、重大产业创新发展工程、重大创新成果产业化、重大应用示范工程及创新能力建设等。2015年以来,官方已接连出台多项财税政策扶持创业创新,包括设立400亿元人民币的新兴产业创业投资引导基金和600亿元的国家中小企业发展基金,扩大固定资产加速折旧范围,加大对小微企业的减税力度等。2011年,国家发展和改革委联合财政部设立了中央战略性新兴产业专项资金,该专项资金重点支持战略性新兴产业骨干企业的重大项目建设。为了突出财政扶持与市场培育相结合的特点,专项资金既支持研究开发投入、研发新产品的产业化,而且还支持应用试点示范、首台设备采购、应用开发和服务模式的创新等。2012年12月,财政部和发改委发布了《战略性新兴产业发展专项资金管理暂行办法》，该办法就战略性新兴产业发展专项资金的使用原则、支持范围、支持方式、资金申报、审核与拨付及监督管理等重要问题进行了说明。2014年底，时任总理李克强曾在国务院常务会议上部署在更大范围内推广6项中关村试点政策。2015年，试点政策的再度扩围，将与完善研发费用加计扣除政策一道，共同调动全社会创业创新的积极性。截至2022年底，全国所有的省、自治区和直辖市均设立了地方性的战略性新兴产业专项资金，并出台了相应的管理办法。

（2）金融政策支持。

金融市场一直以来都是支持生产力发展和技术创新的不可或缺的力量。20世纪兴起的产业，如资本密集的电力产业和汽车制造业都是靠在金融市场上的集资才发展起来的。对于战略性新兴产业来说，完善的金融政策对其发展同样至关重要。《"十二五"国家战略性新兴产业发展规划》在战略性新兴产业的金融政策方面提出了多种促进企业创新的政策措施。如加强金融政策和财政政策的结合、运用风险补偿等措施，鼓励金融机构加大对战略性新兴产业的信贷支持。发展多层次资本市场，拓宽多元化直接融资渠道。大力发展债券市场，扩大公司债、企业债、短期融资券、中期票据、中小企业集合票据等发行规模。进一步完善创业板市场制度，支持符合条件的企业上市融资。推进场外证券交易市场建设，满足处于不同发展阶段创业企业的需求。完善不同层次市场之间的转换机制，逐步实现各层次市场有机衔接。扶持发展创业投资企业，发挥政府新兴产业创业投资资金的引导作用，扩大资金规模，推动设立战略性新兴产业创业投资引导基金，充分运用市场机制，带动社会资金投向处于创业早、中期阶段的战略性新兴产业创新型企业。健全投融资担保体系。引导民营企业和民间资本投资战略性新兴产业。

（3）科技政策支持。

在扶持中国战略性新兴产业发展的科技政策方面，《国务院关于加快培育和发展战略性新兴产业的决定》和《"十二五"国家战略性新兴产业发展规划》分别在实施重大创新工程、加强产学研的合作研发、建立产学研用紧密联系的创新联盟、建立国际化的创新平台、加强知识产权体系和技术标准的建设等方面作了政策部署。2015年初，工信部发布了《2015年智能制造试点示范专项行动实施方案》，明确了未来专项行动实施的目标、行动和任务，同时工信部成立了由制造、电子信息、通信等多领域专家组成的智能制造综合标准化工作组，加大对战略性新兴产业的科技引领和科技激励。

3.2.2　技术赶超模式

"中国制造2025"培育战略性新兴产业具有广泛的技术基础和丰富的经验与模式，工业4.0将逐步带来智能化的全面影响，将引领蒸汽革命、电力革命、信息革命之后的第四次工业革命。从新一代信息技术产业的5G、智能手表、智能手环等可穿戴设备到高端装备制造业的精密仪器、太空设备；从新能源汽车的智能汽车到节能环保产业的节能技术、新能源产业的清洁能源等都是第四次工业革命的产业表现。全球首款无人驾驶公交车已经于2016年7月在荷兰实施商业运营，紧接着8月日本也在千叶县对一辆无人驾驶公交车进行试运营；2016年3月以AlphaGo为代表的人工智能打败了世界围棋冠军李世石；2022年11月，OpenAI研发的聊天机器人程序ChatGPT是一款基于自然语言的处理工具，依据前期训练的语言模式和规律给用户提供相关密切程度的答案，是数字创意产业的前沿产品；2023年5月，IBM公司研发的Watson机器人通过大量临床医院的学习，已经能治疗人类疾病。

虽然我国战略性新兴产业发展迅速，产业技术水平不断提高甚至在相关领域全球领先，但是与世界前沿技术创新水平存在不容忽视的差距。我国通过引进专家、设备及生产线等赶超模式发展战略性新兴产业，企业沿着新技术范式前端的技术进入战略性新兴产业，快速形成生产力, 投入生产并占有一定的市场份额。以三川智慧为例, 企业引进先进的生产设备和技术专家, 经过企业的技术消化吸收和二次创新, 三川智慧的水表取得多项国家专利甚至国际专利, 截至2023年5月, 三川智慧水表成为全球最大的 NB-IoT 水表生产商, 产品进入澳大利亚等国际市场和北京等国内市场。其他知名企业诸如华为、中兴等企业采取该模式并取得明显效果。

技术赶超模式目前存在一个巨大的隐患: 倘若企业在缺乏技术指导与统计监测能力时, 往往引进的是旧技术范式后端的技术, 或者沿袭旧技术范式进行改造, 导致花费巨资引进的技术是濒临淘汰的落后技术, 处于产业链的低端甚至末端环节, 这样的技术赶超将对企业前期通过产业化能力积累的规模优势产生重大的瓦解效应, 不利于提高战略性新兴产业的创新技术水平。所以, 战略性新兴产业及企业选取合适的技术进行赶超, 将变得尤为重要。一般而言, 企业可以利用文本挖掘软件 TDA、质性分析软件 NVivo QDA、数学分析软件 UCINET、复杂数据分析软件 Pajek 等, 采用统计设计、统计调查、统计整理、统计分析等对各类数据进行筛选和提优, 形成互补的相关有机数据链, 如此进行相关性统计分析。在战略性新兴产业的技术监测流程中, 将处理后的真实数据利用大数据分析方法嵌入, 以期提供数据支持, 降低系统偏误性, 进而提升技术赶超过程中技术预见的精度, 统计咨询、统计决策的水平。

3.2.3 产业链模式

(1) 生物产业链的构建——以成都市为例。

自2010年以来, 成都高新区稳居中国生物医药园区竞争力排行榜第一梯队, 其关键在于围绕生物医药产业, 成都构建了全链条、全周期产业服务体系, 持续提升生物产业创新策源力。生物产业作为成都产业发展主心骨, 成都高新区紧紧围绕产业建圈强链, 充分发挥基金招商的作用效能。截至 2022 年底，成都高新区已引导设立医疗健康子基金 5 支，累计生物基金规模达 66 亿元，已通过基金招商推动 10 余家企业成功落地；成都稳步推进生物医药企业上市进程，已累计上市及过会企业 10 家，已储备华西海圻等 23 家生物医药企业拟上市；成都天府国际生物城共引进项目 200 个，总投资 1200 亿元；成都天府国际生物城旨在通过科技创新项目集群实现从 0 到 1 的创新策源、从 1 到 10 的成果转化，以及通过生物产业的发展项目集群实现从 10 到 N 的产业链发展，形成生物医药产业聚集发展的良好局面，不断做优做强生物医药产业。同时，2018 年以来，成都市陆续出台《成都高新区关于构建生物产业生态圈（产业功能区）促进生物产业发展的若干政策》《关于构建生物产业生态圈（产业功能区）成型成势发展的若干政策（修订）》等政策，累计支持 584 个项目，在生物产业、医药产业的项目招引、企业培育、品种创新等方面起到良好助推作用。2022 年 5 月，成都市发布《关于医药健康产业建圈强链发展政策》，发展政策累计 10 条，包括做强产业链、培育创新链、稳定供应链、配置要素链、提升价值链等 5 个方面。该 10 条政策结合国内外医药健康产业发展趋势，重点以破解产业链形成过程中的痛点、难点为导向，加大政策支持力度和优化政府服务，加快推动成都生物医药健康产业高质量发展，构建上下游生物产业链，形成具有国际竞争力和区域带动力的医药健康产业体系。

（2）高端装备制造产业链的构建——以合肥为例。

科大讯飞、国盾量子等众多高端装备制造业企业先后在合肥创立，逐步形成了高端装备制造产业链，引领人工智能、量子信息等新兴产业发展。在高端装备制造业的上游产业中，中国科学院量子信息与量子科技创新研究院、人工智能研究院、合肥先进计算中心、信息材料与智能感知实验室、天地一体化合肥网络中心、中电科 38 所等重大科技基础设施和新型研发机构，推动量子信息、人工智能、芯片、CPU、5G 滤波器、区块链、空气成像、空天信息等前沿信息技术持续突破，为高端装备制造提供工业基础。以科大讯飞为例，在2022年冬奥会期间，作为"冬奥会官方自动语音转换与翻译独家供应商"，科大讯飞提供各种便携式、穿戴式的翻译设备，让冬奥会的志愿者与参会的运动员实现零基础、线上线下相结合的无障碍交流，充分展现"科技冬奥"的力量。科大讯飞智能语音开放创新平台作为第一批国家人工智能的创新创业平台，自2017年获批建设以来，已开放480余项AI产品，聚集了线上线下累计318万人的共同研发体，累计覆盖手机设备数超34亿台，"AI大学堂"学员累计人次达到70万，与超过420万家生态伙伴进行产业链接，极大地促进了"万众创新，大众创业"。很多企业与科大讯飞类似，落地于合肥高新区"中国声谷"，所以合肥于2020年底圆满完成"入驻企业超千家、营业收入超千亿"的阶段目标，形成了核心技术引领、芯片产业为基础、智能硬件和服务为主体、信息安全为保障的上下游产业链。截至2021年底，"中国声谷"入驻企业总数已超过1400家，实现关联带动产值1378.6亿元，五年连增、企业净利润增长率超30%，极大地赋能实体经济，服务国家重大需求。

综上，我国政府在一些先进城市和区域率先推广战略性新兴产业，通过规划和布局，成立产业示范基地，通过示范引领带动整个行业的发展，促进战略性新兴产业集聚发展，形成产业链条和产业生态系统，提高整个产业的竞争力。

3.3 "中国制造2025" 培育战略性新兴产业路径的优化

本章3.2节详细总结了"中国制造2025"在战略性新兴产业具体培育过程中所形成的经验和模式，可以概括为政府引导模式、技术赶超模式和产业链模式，战略性新兴产业在这些模式下有显著的发展和长足的进步，由于在面对复杂市场环境时，这些经验模式存在不足之处，故本节结合3.1节的理论和3.2节的典型经验模式，提出以下路径来对"中国制造2025"培育战略性新兴产业路径进行优化。

3.3.1 需求侧导向的培育路径

"中国制造2025"培育战略性新兴产业的优化路径之一是需求侧导向。战略性新兴产业最重要的需求方之一就是政府，政府采购是政府购买战略性新兴产业服务或者设备的方式，也是"需求侧"激励的重要政策工具，政府对战略性新兴产业创新的推动可以通过"需求侧"的激励来实现。对战略性新兴产业的政府采购，其实质是培育节能环保产业的市场需求，通过将需要支持的战略性新兴产业的产品列入政府优先采购商品目录，就形成了对该战略性新兴产业产品的市场需求。由于战略性新兴产业所运用的新技术、生产出的新产品在推向市场时往往面临巨大的市场风险。这是因为一方面供给方不可能完全了解和掌握需求方的各种需求信息，另一方面需求方在接受供给方推出的新技术产品需要一个适应的过程。通过政府采购，政府机构的需求信息给了供给方一定的市场调研的功能，并用政府信用增加了战略性新兴产业供给方的信用，使得需求方增加对供给方产品的信心。换句话说，政府采购保证了一定的市场需求，从而大大降低了企业的市场风险，这一特点对于培育和扶持中小型战略性新兴产业企业具有重要的意义。需求侧导向同样能有效避免供给型政策的弊端，促使战略性新兴产业企业以效率为导向进行资源的优化配置。

除了政府采购，消费者导向同样重要，战略性新兴产业企业应该经过前期的消费者调查、市场研判、盈亏平衡点等分析，根据市场需求的反馈，所设计的产品和提供的服务应真正成为消费者改善生活所需的。

3.3.2 价值驱动的培育路径

另一个"中国制造 2025"培育战略性新兴产业的优化路径是价值驱动培育路径。价值驱动培育路径可细分为价值创造、价值管控、价值开发、价值联购等四个方面。

（1）价值创造。

战略性新兴产业把创新技术转化为产品实现经济利润的过程称为价值创造。与传统产业相比，战略性新兴产业的创新发展具有迭代性，这种迭代性一方面体现在硬科技的产品呈现，另一方面体现在线上销售与线下体验相结合。当技术推动的技术创新离市场尚有差距，就需要多渠道多模式集成的价值体现，实现关键流程、关键业务的创新，规模化"私人定制"，满足市场个性化需求，降低创新产品收益的不确定性。

（2）价值管控。

战略性新兴产业发展是我国长期粗放式发展、依赖资源要素消耗、超负荷环境污染排放后不得不选择的产业经济发展模式，必然走产业发展要素驱动→资本驱动→创新驱动的道路。但是各地均发展战略性新兴产业，运动式建设、骗补式建设应运而生，导致企业开工率不足、严重产能过剩，也造成了环境污染。所以价值管控是以环境监测数据来加大环境监管力度，倒逼相关污染企业对绿色制造产生需求以促进战略性新兴产业的发展。

（3）价值开发。

在数字经济时代，信用数据是金融业务的核心资产，是金融创新的基础动力，也是战略性新兴产业进行融资的金融后盾，价值开发是对信用数据的有效利用和实时监测，监测的信息包括但不限于用户信用变化、金融消费数据、支付信息、财务信息、供应链信息、经济数据等。互联网开放、透明、分享、互动的特征使得信用数据得到监测，极大地提高了融资风险的可控性，降低了验证客户信息真实性的成本。对所形成的信用数据库进行深入信息整理加工、数据挖掘，以期挖掘潜在顾客及其价值。

（4）价值联购。

战略性新兴产业相互关联形成经济网络，融合的多数产业价值链关联在一起形成价值网。价值联购是产业价值链之间的深度关联与融合，不仅仅是多个产业价值链的简单汇总。将消费者的要求与高效率、低成本且灵活的制造业相连接，在数字经济时代采用数字信息推送产品，避开了添加成本的分销层，打通消费需求与生产方式，以便交付定制解决方案。价值联购打破了产业之间原有的上下游的有序、固定格局。"十四五"时期，将是工业互联网结合5G、大数据、人工智能等战略性新兴技术的关键阶段，关联战略性新兴产业共同面对终端市场，为消费者提供综合价值体验。

以上是中国战略性新兴产业的优化培育路径，培育路径和具体措施相互交织、相互支撑，为相关战略性新兴产业的稳步发展提供了有力保障。

第 4 章

中国战略性新产业统计监测的方法论

4.1 统计监测的内涵

统计监测，从内涵上来看，是利用统计方法对某一事物的动态进行监管和预测。其中统计方法是指收集、整理、分析和解释统计数据，并对其所反映的问题作出一定结论的方法。与此同时，统计方法是适用于所有学科领域的一种通用数据分析方法。其在中国战略性新兴产业方面的应用具体体现在，统计监测是通过有关数字、图表、模型和曲线等，对中国战略性新兴产业未来的某个状态或某种情况进行详细的描绘和分析，从而识别引起项目风险的关键因素及其影响程度的一种新兴产业发展的风险识别方法。随着国家对战略性新兴产业的推动和发展，各地政府也纷纷制定相关产业政策促进新兴产业发展，随着时间的推移和产业的发展，其实施效果也逐渐浮现。刘洪民（2018）、蔡伟（2021）对战略性新兴产业的产业演进发展阶段的划分存在分歧，但学者们在战略性新兴产业存在阶段性演进特征方面基本取得共识。与此同时，大量学者实证研究表明，相同的政策在战略性新兴产业发展的不同阶段其作用效果是不同的。为此，有效的统计监测和识别分析战略性新兴产业的发展阶段特征，对我国战略性新兴产业的动态发展及风险的识别和应对具有重要的作用。

从宏观上来看,对战略性新兴产业进行有效的统计监测对整个产业的可持续发展有巨大的推动作用。例如,刘海燕(2016)研究表明及时有效的统计监测,进而发现战略性新兴产业发展过程的风险,为相关部门及企业及时采取预防措施提供科学依据,有助于产业的高质量、高效益和可持续发展。同时认为开展统计监测有利于产业发展调控、应用重点的实施、技术创新的提升、资源的合理配置、平衡市场需求及产业与产业之间的融合等。王丽丽等(2017)认为,科学、准确地开展战略性新兴产业统计,对于丰富和完善国家统计调查制度,严密监测战略性新兴产业发展状况,准确反映经济转型升级新动能,正确识别和培育区域战略性新兴产业核心竞争力,为党和政府科学制定产业结构调整和战略性新兴产业发展规划提供决策依据,具有重大战略意义。

从微观上来看,通过对战略性新兴产业的统计监测,可以实现以下四项功能:第一,识别风险,识别项目可能引起的风险性后果,并报告提醒决策者;第二,评估风险,就某些主要风险因素对项目的影响进行分析研究;第三,应对风险,对项目风险的范围提出合理的建议;第四,战略选择,对各种情况进行比较分析,选择最有利于战略性新兴产业的发展策略。

4.2 统计监测实施的外部环境建设

在"中国制造2025"的大格局下,对战略性新兴产业的统计监测拟实现以下三个目标,分别是战略性新兴产业发展的法律法规的遵循性目标、财务报告的公开性目标和经济效益目标。首先,法律法规的遵循性是对战略性新兴产业统计监测数据有效性和及时性的基本保障。通过明确战略性新兴产业的相关法律法规制度,对产业的高质量发展具有重大的促进和保障作用。由于法律法规具有明示、预防及规范的作用,进而可有效地通过法律法规的明确规定和执法效力及对违法行为的惩治力度的大小来实现对战略性新兴产业从业者的有效规范及保护优质的战略性新兴产业，进而防止出现劣币驱逐良币的现象。其次，财务报告的公开性是对战略性新兴产业统计监测的基本要求，企业的财务报告反映了会计主体财务状况、经营成果和现金流量的总体情况。战略性新兴产业的企业主体进行财务报告公开，可提供更加全面的数据进行统计和分析，有利于促进统计监测的有效性和及时性，为国家进行经济宏观调控提供依据，也为战略性新兴产业提供风险预警和方向指南。最后，经济效益是对战略性新兴产业统计监测的基本目标。经济效益是资本占用、成本支出与有用生产成果之间的比较。经济效益的提高，有利于增强企业的市场竞争力，促进社会资源的合理配置。

通过对战略性新兴产业的统计监测可以有效促进产业的自我发展和自我调整，从而进一步提高经济效益。同时，正因为我们对战略性新兴产业的发展有经济效益的要求，也能够进一步推动统计监测的实施。因此，中国战略性新兴产业的高质量发展才能可持续，才能步入良性循环的轨道。

4.3　统计监测的实施过程

对中国战略性新兴产业的统计监测可以分为三个过程：筛选、诊断和监测。从筛选到诊断再到监测，最终实现动态监测的实施，这三个过程构成了一个闭环式的循环。具体来说，筛选是按照一定的程序对战略性新兴产业存在的潜在风险的相关过程、事件、现象和人员进行分类选择，以进行要素筛选的过程；诊断则是通过一定的数据处理程序，对某一个特定战略性新兴产业的项目风险及损失的前兆、风险后果及各种起因进行评价、判断，并找出其主要原因的过程；而监测则是保持对战略性新兴产业相关项目的持续监测，以实现与时俱进、动态监测的过程。

　　同时，统计监测的工作过程有三个主要构成要素，分别为疑因估计、仔细检查和征兆鉴别。其中疑因估计的要素包括产业规模、技术创新、研发投入、财务、生态、企业文化等财务要素和非财务要素，这些疑因估计的要素构成动态监测的基础。例如，刘海燕（2016）研究提出，选择从产业规模与生产能力、产业效益与发展质量、创新能力与成果转化、示范工程与发展环境等四个方面中选取影响其因素的 20 个指标组成物联网产业统计监测的指标体系。王鹏等（2017）研究提出，对规模以上工业战略性新兴产业统计监测指标体系研究中，除了对工业战略性新兴产业总产值规模监测外，还应监测工业增加值、收入、负债、资产、研发、经费支出、出口交货值等指标数据。从产业发展贡献、经营能力、盈利能力及技术要素投入能力等方面进行较为全面地反映工业战略性新兴产业的发展情况。另外，仔细检查是在进行诊断过程之前，对疑因估计要素的数据进行核查，核查内容包括数据来源、数据录入、数据格式、数据口径及工作程序等是否可取和相一致的问题。例如，刘海燕（2016）认为每一家企业报送的数据质量都将对统计监测评价结果产生影响。为了实现数据采集的及时、准确、全面，进而有效监测物联网产业的发展状况，必须探索有效的统计信息采集渠道。王鹏等（2017）研究认为，要高度重视战略性新兴产业统计工作，完善和修订国家对战略性新兴产业的统计体系，避免出现统计口径不一、数据不可比等情况。同时还提出要加强统计数据质量监测，定期核实统计数据的来源，并适时对产业统计方法进行调整和修订。王丽丽等（2017）也提出，要加强数据质量管控及完善统计制度方法，认真贯彻落实国家统计局各项要求和部署，进一步完善源头数据质量控制办法。最后，征兆鉴别是指对中国战略性新兴产业的经营效率，以及可能存在的风险进行聚类、综合评判，以鉴别风险征兆，为中国战略性新兴产业的结构转型、结构优化、新陈代谢进行综合分析。通过征兆鉴别，可以及时发现战略性新兴产业的风险，并采取有效的措施来防范和控制风险。例如，李佳等

（2020）通过实证研究，结果发现，经济发展水平不同的地区使用相同的创新要素推动产业创新发展是低效的。因此，不同发展水平地区的因地制宜，对实现效率最大化和推动战略性新兴产业布局与发展尤为关键，同时也针对性地提出相应政策启示及建议。蔡伟等（2021）通过实证研究的结果表明，我国战略性新兴产业的经济效率可以分为领先水平、高水平、平均水平和低水平四类，各产业在经济效率上差异明显。李丹等（2021）通过实证研究，其结果表明湖南战略性新兴产业的平均综合创新效率未达到最优的状态，其主要成因是规模创新效率较低。据此，有针对性地提出了对策建议。史海瑶等（2022）通过实证研究，其结果表明河北省战略性新兴产业创新效率不断增强，技术创新能力不断加强，但规模效率较低，需重点优化产业规模，进一步提升创新效率。

战略性新兴产业统计监测的构成要素与工作过程的关系结构如图 4 – 1 所示。

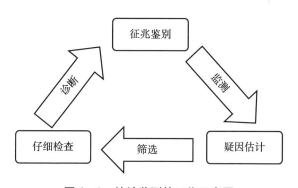

图 4 – 1　统计监测的工作示意图

由图 4 – 1 可知，统计监测的实施路径：从疑因估计出发进行要素筛选的过程，再到仔细检查进行数据诊断的过程，接下来进行征兆鉴别并持续监测的过程，再到发现新的疑因估计要素，进而实现动态循环统计监测的过程。统计监测的实施可为实现中国战略性新兴产业的高质量跨越式发展提供坚实的基础和依据。

4.4 统计监测的主要方法

科学地实施统计监测，就需要发现事物潜在的疑因，找准关键性的疑因指标，利用合适的统计监测方法进行测度。

4.4.1 熵权 TOPSIS 法

在物理学中，熵是一种测度信息损失的统计量；其熵值函数形式能完整地表达信息系统的内容：在信息系统中，信息熵是信息无序程度的度量，信息熵的无序度高，则信息的效用值就小；信息熵越小，信息的无序度就越低，其信息的效用值就越大。因此，熵值法能深刻地反映指标信息熵值的效用价值。

熵值法（entropy method）是基于"差异驱动"原理，着重突出指标值之间的局部差异：对于原始数据 $\{x_{ij}\}$，每个指标 x_j 关于 n 个被评价对象的取值不一样，即被评价对象之间存在局部差异。熵值法确定权重系数的原理就是根据某同一个指标的观测值之间的差异程度来确定该指标的重要程度，从而确定其权重。如果 n 个被评价对象在某个指标的数据差异程度很小，则用熵值法就会求得该指标的权重系数很小，于是我们有理由认为该指标对整个评价指标体系所起的作用不大。反之，n 个评价对象的差异程度很大，则反映该指标的作用比较大。在本研究中，熵值法选取指标包括财务指标和非财务指标，财务指标选取企业的盈利、资产、负债等，非财务指标一般选取产品质量、研发人员投入、平均用工人数等。以具体年份做纵向对比和同产业具体行业做横向对比，根据所选取的数据为基础算出其权重值。

设 $x_{ij}(i=1, 2, \cdots, n; j=1, 2, \cdots, m)$ 为第 i 个被评价对象

中的第 j 个指标的观测数据。熵值法确定指标权重系数的步骤如下。

（1）计算第 i 个被评价对象在第 j 个评价指标上的指标值比值。

$$p_{ij} = x_{ij} \bigg/ \sum_{i=1}^{n} x_{ij} \tag{4-1}$$

（2）计算第 j 个评价指标的熵值。

$$e_j = -\frac{1}{\ln n} \sum_{i=1}^{n} p_{ij} \ln(p_{ij}) \tag{4-2}$$

其中，$0 \leqslant e_j \leqslant 1$。

（3）计算评价指标 x_j 的差异性系数。由公式（4-2）可知，对于给定的 j，x_{ij} 的差异越小，则 e_j 越大。当 x_{ij} 全部相等时，$e_j = e_{\max} = 1$，此时指标 x_j 对被评价对象之间的比较没有任何影响；当 x_{ij} 的差异越大，则 e_j 越小，指标 x_j 对被评价对象之间的比较作用就越大。因此，为了科学、合理反映指标的作用程度，本研究定义差异系数 $g_j = 1 - e_j$，g_j 的数值越大，越应该重视该指标在综合评价指标体系中的作用。

（4）权重系数的确定。

$$w_j = g_j \bigg/ \sum_{j=1}^{m} g_j, \quad j=1,2,\cdots,m \tag{4-3}$$

其中，w_j 即为各指标最终的权重系数，各指标权重之和为 1。

熵权 TOPSIS 法的中心思想是通过选定一个正理想点和一个负理想点，通过比较被评价对象与正理想点、负理想点的距离，选择较优的被评价对象。计算距离的方法通常采用欧式距离法。

熵权 TOPSIS 模型的计算步骤如下：

（1）评价指标的无量纲化。

为了消除原始指标的量纲及其量级的影响，对原始数据 $\{x_{ij}\}$ 进行无量纲化处理，此处采用极值处理法，公式如下：

正指标：

$$x_{ij}^* = \frac{x_{ij} - m_j}{M_j - m_j}(i=1,2,\cdots,n; j=1,2,\cdots,m) \tag{4-4}$$

逆指标：

$$x_{ij}^* = \frac{M_j - x_{ij}}{M_j - m_j}(i = 1, 2, \cdots, n; j = 1, 2, \cdots, m) \qquad (4-5)$$

得到无量纲化数据 $\{x_{ij}^*\}$。

（2）无量纲化数据的加权。

设 y_{ij} 是第 i 个被评价对象第 j 个评价指标无量纲化数据的加权值，w_j 为利用熵值法求出的第 j 个指标的权重系数，则

$$y_{ij} = x_{ij}^* \times w_j \qquad (4-6)$$

（3）确定被评价对象的正理想点和负理想点。

设 y_j^+ 是第 j 个指标值的最大值，y_j^- 是第 j 个指标值的最小值，$j = 1, 2, \cdots, m$。

$$y_j^+ = \max_{1 \le i \le n}(y_{ij}) \qquad (4-7)$$

$$y_j^- = \min_{1 \le i \le n}(y_{ij}) \qquad (4-8)$$

由公式（4-7）及公式（4-8）得到被评价系统的正理想点 $y^+ = (y_1^+, y_2^+, \cdots, y_m^+)$，负理想点 $y^- = (y_1^-, y_2^-, \cdots, y_m^-)$。

（4）计算被评价对象与理想点之间的欧式距离。

设 d_i^+ 是第 i 个被评价对象与正理想点的欧式距离，d_i^- 是第 i 个被评价对象与负理想点的欧式距离。则

$$d_i^+ = \sqrt{\sum_{j=1}^{m}(y_j^+ - y_{ij})^2} \qquad (4-9)$$

$$d_i^- = \sqrt{\sum_{j=1}^{m}(y_j^- - y_{ij})^2} \qquad (4-10)$$

（5）计算相对贴近度并按顺序排名。

设 c_i 为第 i 个被评价对象指标值与理想点的相对贴近度。则

$$c_i = d_i^- / (d_i^- + d_i^+), i = 1, 2, \cdots, n \qquad (4-11)$$

本研究中求得的相对贴近度即为每个战略性新兴产业的经济效率值，再对 $c_i(i = 1, 2, \cdots, n)$ 按照大小进行排序。c_i 越大，表明第 i 个被评价对象与负理想点的距离越大，即第 i 个被评价对象越好，具

体到本研究就是第 i 个行业的经济效率越高。

4.4.2　数据包络分析方法

数据包络分析（Data Envelopment Analysis，DEA）由数学家查恩斯（A. Charnes）和库珀（W. W. Cooper）等学者在相对效率评价概念基础上发展起来的一种系统性分析方法。DEA 基本思路是在一定的生产可能"界面"对应一定的产出。DEA 模型实质基础是基于运筹学的线性规划问题来解决生产可能集下，计算产出率是否最大，是统计监测常用的方法。数据包络分析又可分为 C^2R 模型和 BC^2 模型。

（1）数据包络分析 C^2R 模型。

在 n 个决策单元中，其输入与输出向量为

$$x_j = (x_{1j}, x_{2j}, \cdots, x_{mj})^T > 0, \ j = 1, \cdots, n \qquad (4-12)$$

$$y_j = (y_{1j}, y_{2j}, \cdots, y_{sj})^T > 0, \ j = 1, \cdots, n \qquad (4-13)$$

在要素投入和最终的"成品"产出过程中，各种投入的要素的量和比率及其对产出所起的作用是不同的，因此对各个单元的效率评价需要对投入的要素进行"合成"，即把投入和产出看作一个整体的量。同时也是因为人们对这些决策单元（"黑盒子"）的输入和输出之间的信息和它们相互作用的结构知之甚少。为了尽可能减少人为因素的影响，从而要对各个输入和输出赋予一个权，设定两个权向量 $v = (v_1, v_2, \cdots, v_m)^T$ 和 $u = (u_1, u_2, \cdots, u_s)^T$，它们在模型中会根据一定的原则来确定。我们可以用一个直观的定义来给予更清楚的解释。

决策单元评价效率指数：$h_j = \dfrac{u^T y_j}{v^T x_j} = \dfrac{\sum\limits_{r=1}^{s} u_{rj} y_{rj}}{\sum\limits_{i=1}^{m} v_i x_{ij}}$，$j = 1, \cdots, n$，为

评价指数适当的选择权重 v，u，使 $h_j \leqslant 1$。一般地说，h_j 越大，则说明第 j 个 DMU 相对其他的 DMU 来讲，能够使用相对较少的投入而得到相对较大的产出。这样如要对 DMU_{j0} 评价，就可以构筑一个模型来计算，这个模型就是由查恩斯（A. Charnes），库珀（W. W. Cooper）与罗兹（E. Rhodes）于 1978 年提出的 C^2R 模型。

C^2R 模型：

$$(\overline{P}) \begin{cases} \max \dfrac{\sum\limits_{k=1}^{s} u_r y_{rj_0}}{\sum\limits_{i=1}^{m} v_i x_{ij_0}} = V_{\overline{P}} \\[4mm] s.\,t.\ \dfrac{\sum\limits_{r=1}^{s} u_r y_{rj}}{\sum\limits_{i=1}^{m} v_i x_{ij}} \leqslant 1 \quad j=1,\ \cdots,\ n;\ r=1,\ \cdots,\ s;\ i=1,\ \cdots,\ m \\[4mm] u_r \geqslant 0 \\[2mm] v_i \geqslant 0 \end{cases}$$

$$(4-14)$$

这里记 j_0 为 o，以下相同，令：

$$\begin{cases} \boldsymbol{\omega} = tv \\ \boldsymbol{\mu} = tu \\ t = \dfrac{1}{v^T x_0} \end{cases}$$

$$(4-15)$$

则变成线性规划问题为：

$$(P) \begin{cases} \max \boldsymbol{\mu}^T y_0 = \overline{V} \\ s.\,t.\ \boldsymbol{\omega}^T x_j - \boldsymbol{\mu}^T y_j \geqslant 0 \\ \boldsymbol{\omega}^T x_0 = 1 \\ \boldsymbol{\omega} \geqslant 0,\ \boldsymbol{\mu} \geqslant 0 \end{cases}$$

$$(4-16)$$

从以上线性规划可知分式规划（$\overline{P}$）与线性规划（P）相互

关系：

若 v^*，u^* 为 $(\overline{P})$ 的解，则 $\omega^* = t^* v^*$，$\mu^* = t^* u^*$ 为 (P) 的解，并且 (P) 与 $(\overline{P})$ 的最优值相等，其中 $t^* = \dfrac{1}{v^{*T} x_0}$ 若有 μ^*，ω^* 为 (P) 的解也故为 $(\overline{P})$ 的解，且互为最优解。

根据线性规划理论归化后得对偶规划为：

$$D' \begin{cases} \min(\lambda_1', \cdots, \lambda_n', \theta) \begin{bmatrix} 0 \\ \vdots \\ 0 \\ 1 \end{bmatrix} = V_D \\[2em] s.t. \ \displaystyle\sum_{j=1}^{n} \lambda_j' x_j + \theta x_0 \geqslant 0 \\[1.5em] - \displaystyle\sum_{j=1}^{n} \lambda_j' y_j \geqslant y_0 \\[1.5em] \lambda_j' \leqslant 0, \ \theta \ \text{无符号限制} \end{cases} \tag{4-17}$$

右线性规划理论知识可加入松弛变量 s^+，$s^- \geqslant 0$，并令 $-\lambda' = \lambda_j$ 可得到下式

$$(D) \begin{cases} \min \theta \\[1em] s.t. \ \displaystyle\sum_{j=1}^{n} \lambda_j x_j + s^- = \theta x_0 \\[1.5em] \displaystyle\sum_{j=1}^{n} \lambda_j y_j - s^+ = y_0 \\[1.5em] \lambda_j \geqslant 0, \ j=1, \cdots, n \\[0.5em] s^+ \geqslant 0 \\[0.5em] s^- \geqslant 0 \end{cases} \tag{4-18}$$

直接称 (D) 为 (P) 的对偶规划。但由于直接判断 DEA 有效比较困难，所以通常引进非阿基米德无穷小量的模型变为：

$$(D1)\begin{cases} \min\left[\theta - \varepsilon(\hat{e}^T s^- + e^T s^+)\right] = V_{D_\varepsilon} \\ s.t. \sum_{j=1}^{n} \lambda_j x_j + s^- = \theta x_0 \\ \sum_{j=1}^{n} \lambda_j y_j - s^+ = y_0 \\ \lambda_j \geqslant 0, \quad j = 1, \cdots, n \\ s^+ \geqslant 0 \\ s^- \geqslant 0 \end{cases} \qquad (4-19)$$

其中，θ 为有效值也是投入产出的有效利用程度，在本研究中也称为技术效率。e^T 是各分量为 1 的向量。模型（$D1$）中，ε 为非阿基米德无穷小量（一般默认为 10^{-6}）。它是个抽象的数学概念，根据相关文献它被理解为一个小于任意正数而大于等于零的数。由查恩斯 - 库珀（Charnes - Cooper）变换来（P_ε）的对偶模型如下：

$$(\bar{P}_\varepsilon)\begin{cases} \max \dfrac{u^T y_0}{v^T x_0} = V_{\bar{P}_\varepsilon} \\ s.t. \dfrac{u^T y_j}{v^T x_j} \leqslant 1, \quad j = 1, \cdots, n \\ \dfrac{v^T}{v^T x_0} \geqslant \varepsilon \hat{e}^T \\ \dfrac{u^T}{v^T x_0} \geqslant \varepsilon e^T \end{cases} \qquad (4-20)$$

其中

$$\begin{cases} \omega = tv \\ \mu = tu \\ t = \dfrac{1}{v^T x_0} \\ \omega^T x_0 = 1 \end{cases} \Rightarrow (P_\varepsilon)\begin{cases} \max \mu^T y_0 = V_{P_\varepsilon} \\ s.t. \omega^T x_j - \mu^T y_j \geqslant 0 \\ \omega^T x_0 = 1 \\ \omega^T \geqslant \varepsilon \hat{e}^T \\ \mu^T \geqslant \varepsilon e^T \end{cases} \qquad (4-21)$$

设 λ_j^*、s_+^*、s_-^*、θ^*（为技术效率值）为 D 模型的最优解。根据文献介绍原理，如果有：

①若 $\theta^* = 1$，则为 EMU_{j0} 弱解，DEA 弱有效。

②若 $\theta^* = 1$，且 $S_+^* = 0$，$S_-^* = 0$ 则 DMU_{j0} 为 DEA 有效。

③若 $\theta^* < 1$ 则 DMU_{j0} 为非 DEA 有效。

从松弛变量的定义可以给出 S_+^*、S_-^* 经济含义，若在模型中的解得 S_+^* 解为 0，则表示产出的"最优"，也就是说不可能再有更多的输出，也同义于产出不足。若 $S_-^* = 0$，则表示输入变量不存在"多余"，能给出既定的输出分量。$\theta_j = 1$ 表示 DMU_j 为 DEA 的有效至少是弱有效，θ_j 表示第 j 个决策单元的有效值。

（2）数据包络分析 BC^2 模型。

BC^2 模型是评价技术有效性的一个基本模型，是在 C^2R 模型基础上扩展而来的。因而许多概念和理论结果与 C^2R 模型有很多相似之处，在此只做简单的介绍。

同理假设有 n 个决策单元中，其输入与输出向量为：

$$x_j = (x_{1j},\ x_{2j},\ \cdots,\ x_{mj})^T > 0,\ j = 1,\ \cdots,\ n \qquad (4-22)$$

$$y_j = (y_{1j},\ y_{2j},\ \cdots,\ y_{sj})^T > 0,\ j = 1,\ \cdots,\ n \qquad (4-23)$$

其中，$x_j \in E^m$，$y_j \in E^s$，$x_j > 0$，$y_j > 0$，$j = 1,\ 2,\ \cdots,\ n$，则 BC^2 模型为：

$$(P_{BC^2})\begin{cases} \max(\mu^T y_o + \mu_o) = V_P \\ s.t.\ \omega^T x_j - \mu^T y_j - \mu_o \geq 0,\ j = 1,\ \cdots,\ n, \\ \omega^T x_j - \mu^T y_j - \mu_o \geq 0,\ j = 1,\ 2,\ \cdots,\ n \\ \omega^T x_o = 1, \\ \omega \geq 0,\ \mu \geq 0 \end{cases} \qquad (4-24)$$

上述对偶模型规划为：

$$(D_{BC^2}) \begin{cases} \min\theta = V_D \\ s.\,t.\ \displaystyle\sum_{j=1}^{n} x_j\lambda_j + s^+ = \theta x_o \\ \displaystyle\sum_{j=1}^{n} y_j\lambda_j - s^- = y_o \\ \displaystyle\sum_{j=1}^{n} y_j = 1 \\ s^- \geqslant 0,\ s^+ \geqslant 0,\ \lambda_j \geqslant 0,\ j=1,\ 2,\ \cdots,\ n \end{cases} \qquad (4-25)$$

线性规划（P_{BC^2}）存在最优解 ω^o，μ^0，μ_0^0 满足 $V_p = \mu^{0T}y_o + \mu_0^0 = 1$，则称第 j_o 个 DMU 为弱 DEA 有效，如果同时又满足 $\omega^o > 0$，$\mu^o > 0$，则称决策单元为 DEA 有效。

若线性规划（D_{BC^2}）任意最优解 λ^o，s^{-o}，s^{+o}，θ^o 都有 $\theta^o = 1$，则决策单元 j_o 为弱 DEA 有效；如果同时有 $s^{-o} = 0$，$s^{+o} = 0$ 则决策单元为 DEA 有效。

4.4.3　统计监测方法的选择

DEA 采用的是数学规划法，无须建立变量之间的严格函数关系，在多投入多产出的效率度量上具有优势，但这种非参数方法不同于综合评价方法，难以检测结果的显著性；而且该方法在统计监测上主要关注技术上最优而不是经济上最优。但是，中国战略性新兴产业的统计监测是系统性、动态性、科学性的综合，需要对中国战略性新兴产业潜在的风险、将来的风险、可测度的风险、不可测度的风险进行研判的分析，熵权 TOPSIS 方法结合了风险的客观属性和理想点的综合属性，能对整体中国战略性新兴产业、典型领域和典型区域进行统计测度，故本研究使用熵权 TOPSIS 方法进行监测。

第 5 章

中国战略性新兴产业统计
监测及其格局研究

5.1 中国战略性新兴产业的统计监测

战略性新兴产业首次于 2009 年在科技界大会上提出以来，国务院先后出台了一系列推动战略性新兴产业发展的政策方针与方案，并且在"十二五"规划、"十三五"规划中，党中央把战略性新兴产业的发展确立为兴国之举、强业之策，先后出台了《国务院关于加快培育和发展战略性新兴产业的决定》《关于鼓励和引导民营企业发展战略性新兴产业的实施意见》《关于促进战略性新兴产业国际化发展的指导意见》《"十二五"国家战略性新兴产业发展规划》等宏观层面有关战略性新兴产业政策文件，以及专项产业规划，如《国务院关于加快发展节能环保产业的意见》《节能与新能源汽车产业发展规划（2012—2020 年）》《新材料产业"十二五"发展规划》《生物产业发展规划》等。

发展战略性新兴产业是我国中央政府立足于国内外发展环境、顺应经济发展形势，谋求抢占国际经济和科技竞争制高点而作出的重大战略部署。因此，战略性新兴产业的发展健康与否、成效如何直接关系到我国能否顺利转变经济增长方式，实现产业结构优化升级，也关系到我国经济体能否在全球化进程中掌握积极的主动权。然而，随着我国对战略性新兴产业的大量投入，我国战略性新兴产业的统计监测本质是围绕产业的生产经济效率展开，经济效率到底如何呢？相关因素对经济效率产生影响效果是怎样的呢？提升中国战略性新兴产业生产经济效率的路径与对策都有哪些呢？等等。对这一系列问题的正确回答是成功实施这一战略部署需要迫切解决的理论和现实问题。

在战略性新兴产业的发展过程中，如何摆脱产业同质竞争、不良竞争、补贴依赖性强等问题颇受学术界和政府相关部门的关注。中国战略性新兴产业的经济效率如何？政策投入是否带来了相应产业的效率提高？为了回答这些问题，就需要一个对战略性新兴产业经济效率监测的机制，来自政府层面的支持对战略性新兴产业发展有巨大的促进作用，但是来自市场的检验也是不可或缺的，战略性新兴产业如何通过市场的筛选，具备产业竞争力，在市场中存活下来并进一步发展？针对以上问题的解答，对提升战略性新兴产业经济效率，促进战略性新兴产业高质量发展有重要的现实意义和理论意义。

关于战略性新兴产业经济效率的研究，国内外研究主要围绕经济效率影响因素、效率评价方法和动态监测等展开。国外学者关于战略性新兴产业经济效率的研究主要集中在行业标准及特征方面，如赫希曼（Hirschman，1966）战略性新兴产业概念是他最早提出，他将战略产业视为主导产业，并将处在投入—产出关系中权重最大的经济部门称为战略部门，即主导产业部门；克鲁格曼（Krugman，1986）将战略性新兴产业的研究引入国际贸易保护政策领域，并提出了识别战略性部门的两项标准。近年来国外学者探讨了新兴产业的形成及特征，如波特（Potter，1980）认为，新兴产业形成的主要原因是技术创新、相对成本关系的变化、新的消费需求的出现；埃里克切克和沃茨（Erickcek & Watts，2007）认为新兴产业相当于结构升级。有些学者还对新兴产业发展的影响因素进行了实证检验，法瑞尔（Farrell，1957）首先对经济效率的理论进行了开创性研究，爱格纳（Aigner，1977）提出了非参数统计方法数据包络分析（DEA）和参数统计方法随机前沿分析（SFA）两种测度方法，从此经济效率监测成为国外学者研究热点之一。这两种监测方法广受欢迎，蔚为大观，相关行业经济效率文献众多，代表性研究诸如埃琳娜（Elena，2006）等运用 SFA 方法利用金融数据库进行数据分析，对不同金融结构的欧洲银行业经济效率进行了监测研究；艾瑞克·王（Erič Wâng，2007）运用随机前沿分析方法，研究了在经济增长中，研发经费的经济效率对经济体各项指标的正向或者负向的作用；夏尔马（Sharma，2008）等运用 DEA 方法对国际研发经济效率进行了测度，并验证了专利数量、研发人员全时当量等指标对研发使用效率的作用。然而，遗憾的是国外学者对行业经济效率研究并没有引入到战略性新兴产业领域，也缺乏对战略性新兴产业经济效率影响因素的实证检验。

近年来，国内相关的研究逐步活跃，李强（2010）利用 DEA 方法对深交所中小上市公司的经济效率进行了监测研究，姚洋、章奇（2001）对中国工业企业的技术效率进行了监测研究，齐峰（2015）、程贵孙（2013）利用 DEA 分别对中国战略性新兴产业的创新效率、中国民营战略性新兴产业生产效率进行了监测研究；李柏洲、王雪（2019）利用 DEA 方法对中国战略性新兴产业研发阶段、转化阶段的经济效率进行了监测研究。闫俊周、齐念念（2019）利用解释结构模型（ISM）方法对战略性新兴产业的层级机构进行分析，以中车股份有限公司作为研究对象，从供给侧结构性改革的角度讨论了战略性新兴产业绩效的复杂性。

由此可见，在影响因素方面，学者的研究表明产业规模、技术创新、研发投入、财务、生态、企业文化等对经济效率有重要影响；在效率评价方法方面，大体分为非参数评价和参数评价两大类；非参数评价以数据包络分析法（DEA）为代表，参数评价以随机前沿分析（SFA）为代表。在动态监测方面，建立动态监测应用平台，对战略性新兴产业下属的九大产业的财务指标进行实时跟进，主要面向与战略性新兴产业密切相关的电子信息设备等产业，且研究的取样多集中于 2012 年以前。现有研究文献无疑能对进一步研究我国战略性新兴产业经济效率提供有价值的启示和帮助，但是，现有研究文献利用高技术产业数据或者随机抽取上市或者深市公司代替战略性新兴产业作为研究对象，这无法全面反映战略性新兴产业状况，可能导致对其经济效率及影响因素分析不准；利用数据包络分析方法（DEA）测度经济效率，牺牲了对生产函数的估计，难以实现检测结果的显著性；应用随机前沿分析方法（SFA）生产函数对经济效率进行测度，同样无法克服技术中性和产出弹性固定等假设，容易带来估计偏差。

所以，本研究拟从三个方面对战略性新兴产业的经济效率监测进行完善：第一，构建战略性新兴产业经济效率监测指标体系，对战略性新兴产业的影响因素进行深入探讨；第二，对战略性新兴产业经济效率进行投入产出优化分析，利用了熵权 TOPSIS 法对中国战略性新兴产业经济效率监测指标进行了权重的测度，据此对产业进行了统计监测，是对现有研究的有益探索；第三，研究样本的选择中，本研究选取了 2017 年中国战略性新兴产业的 49 家产业为样本①，弥补了现有研究样本多以高新技术企业、上市公司替代战略性新兴产业的不足，研究更具备代表性与实时性。

5.2 研究设计

本书采用熵权 TOPSIS 模型对战略性新兴产业的经济效率进行实证研究，方法步骤见第 4 章。

---

① 本书对战略性新兴产业的分类与整理的方法与周晶和何锦义《战略性新兴产业统计标准研究》（《统计研究》2011 年第 10 期）、吕岩威和孙慧《中国战略性新兴产业技术效率及其影响因素研究》（《数量经济与技术经济》2014 年第 1 期）的方法一致。

5.3　战略性新兴产业经济效率评价指标的选取

5.3.1　指标体系的构建原则

由于经济效率动态监测体系层次多、构成复杂，并且各子系统之间相互影响和相互作用，因此，本书根据研究的目标、课题的需要，选取极具代表性的、可量化的、互补而又互不影响的指标来构建综合评价体系；虽然受研究方法、学科性质、领域视野等因素的影响，每个人所选的指标不可能完全相同，但是本书的指标体系力求满足"无遗漏、无重复"的构建要求，遵循以下五点原则。

1. 完备性原则

战略性新兴产业经济效率评价不能只选取一个或者几个指标，这样不足以分析和监测经济效率，而是应在保证指标选取合理性和完备性的情况下，建立综合监测指标体系。

2. 指标可获得性原则

经济效率监测体系应具有准确性。在众多指标中，应当选取代表性强、统计口径不变、研究范畴清晰的指标。指标必须具备可获得性，必须遵循数据的来源可寻，便于获取和分析。本文选取的指标数据主要来自国家统计局对战略性新兴产业的调查，在历年年鉴中可查询。

3. 可比性原则

在经济效率监测体系设计中，选取的指标应由绝对指标、相对指标和平均指标综合构成，具有较强的可比性。可比性体现在空间

（横向）、时间（纵向）的可比。空间可比性指的是以同一时间的不同区域为研究对象时，所选用的指标内容和方法都具有规范性，能够综合比较各地区的经济效率。时间上的可比性具体是指同一区域的不同时间或者时期作为研究基期时，可用来比较各时间或时期的经济效率。

4. 动态性原则

由于客观上战略性新兴产业的生产销售过程具有一定的周期性特征，以固定资产投入为例，从固定资产的购置、使用和维修，是在一定周期内完成的，对经济效率的影响具有一定的滞后性，这决定了经济效率综合评价的指标应具有动态性。

5. 定量与定性相结合的原则

由于衡量经济效率的指标很多，为了指标体系的全面性，指标体系需包含定量和定性两方面的内容。定量指的是所选指标应当具有量化的可能，以实际数值来反映客观对象；定性是指经济效率评价指标可以对事物有性质鉴别的作用，可以对事物辨别出优劣。

综上，在构建战略性新兴产业的经济效率监测指标体系时，要兼顾上述原则，不能以偏概全。这样，所选的指标才能客观地反映真实情况，使经济效率监测结果更加准确。

5.3.2　指标体系的构建

本指标体系是用来衡量经济效率在各战略性新兴产业中的水平，即经济效率监测指标体系，其构建是基于"投入－产出"原理：国家或者产业对经济生产过程中各要素的投入，包括人力、物力、财力三方面，同时结合生产过程中的产出、流通、分配，从中可以探寻我国战略性新兴产业经济效率低的内在原因，发现时下科研成果未能转化为生产力的关键原因。

因此，本研究二级指标设置有两个，即经济生产的投入、经济生产的产出（如表5-1所示）。

表5-1　　　　战略性新兴产业经济效率监测指标体系指标设置

指标属性	指标名称	符号	指标说明
投入	平均用工人数	X_1	该产业的平均用工人数，使用劳动力的规模
	企业单位数	X_2	该产业的企业数量，产业总体规模
	主营业务成本	X_3	该产业的主营业务成本
	总负债	X_4	该产业的总负债
	管理费用	X_5	该产业的管理费用
	财务费用	X_6	该产业的财务费用
	销售费用	X_7	该产业的销售费用
	固定资产	X_8	该产业的固定资产
	流动资产	X_9	该产业的流动资产
产出	主营业务收入	X_{10}	该产业的主营业务收入
	营业利润	X_{11}	该产业的营业利润
	工业销售产值	X_{12}	该产业的工业销售产值
	所有者权益	X_{13}	该产业的所有者权益

5.4　中国战略性新兴产业的统计测度结果及格局分析

经过计算，中国战略性新兴产业经济效率监测指标体系权重如表5-2所示。

表 5 – 2　　　　　　　战略性新兴产业经济效率监测指标体系权重解析

权重	指标						
	X_1	X_2	X_3	X_4	X_5	X_6	X_7
e_j	0.9899	0.9894	0.9869	0.9895	0.9889	0.9882	0.9919
g_j	0.0101	0.0106	0.0131	0.0105	0.0111	0.0118	0.0081
w_j	0.1157	0.0512	0.0704	0.0638	0.0752	0.0828	0.0877

权重	指标					
	X_8	X_9	X_{10}	X_{11}	X_{12}	X_{13}
e_j	0.9794	0.9817	0.9892	0.9925	0.9861	0.9881
g_j	0.0206	0.0183	0.0108	0.0075	0.0139	0.0119
w_j	0.1302	0.0745	0.0661	0.0477	0.0669	0.0679

　　经济效率监测指标体系设置的 13 个指标中，X_8 是战略性新兴产业的固定资产所占的权重最大，为 0.1302，固定资产是经济效率监测指标体系最重要的指标，是投入部分的指标，表明战略性新兴产业在生产投入阶段，资产的投入是至关重要的，资产投入比重大的战略性新兴产业，其经济效率会高，反之亦然。

　　X_{11} 是战略性新兴产业的营业利润，权重最小，为 0.0477，衡量的是某个战略性新兴产业的营业产生的利润能力；营业利润是战略性新兴产业的产出部分，理论上如果一个战略性新兴产业的营业利润值越高，那么该产业的经济效率也会越高；反之，经济效率越低。从整体上来看，指标体系的权重在 0.0477 到 0.1302，权重排在前三的指标分别是：X_8 固定资产、X_1 平均用工人数、X_7 销售费用；排在最后的三个指标分别是：X_4 总负债、X_2 企业单位数、X_{11} 营业利润，两个投入指标，一个产出指标，所以，运用熵值法所度量的权重是科学的、符合客观规律的。

　　经过计算，中国各战略性新兴产业的 d^+、d^- 值如表 5 – 3 所示。

表 5 – 3　　　　　　　各战略性新兴产业的 d_i^+、d_i^- 值

新兴产业	d_i^+	d_i^-	新兴产业	d_i^+	d_i^-
环境污染防治专用设备制造	0.0248	0.2645	通用仪器仪表制造	0.0295	0.2603
废弃资源和废旧材料回收加工	0.0088	0.2807	专用仪器仪表制造	0.0101	0.2793
光纤、光缆制造	0.0615	0.2293	钟表与计时仪器制造	0.0053	0.2852
计算机制造	0.0979	0.2032	光学仪器制造	0.0103	0.2807
通信设备制造	0.1948	0.1368	涂料、油墨、颜料及类似产品	0.0246	0.2646
广播电视设备制造	0.0131	0.2769	合成材料制造	0.1141	0.2067
雷达及配套设备制造	0.0041	0.285	专用化学用品制造	0.0967	0.2031
视听设备制造	0.0483	0.2446	石墨及非金属制品制造	0.0228	0.2673
电子器件制造	0.1684	0.1519	稀有稀土金属冶炼	0.0101	0.2796
电子元件制造	0.1422	0.1896	有色金属合金制造	0.0185	0.2717
基础化学原料制造	0.172	0.1684	有色金属铸造	0.0014	0.288
有机肥料及微生物肥料制造	0.1056	0.2102	有色金属压延加工	0.1019	0.2009
生物化学农药及微生物农药制造	0.0154	0.2739	光学玻璃制造	0.0158	0.2747
化学药品原料药制造	0.04	0.2508	玻璃制品制造	0.0271	0.2642
化学药品制剂制造	0.1016	0.2182	玻璃纤维和玻璃纤维增强塑料制品制造	0.014	0.2761
中药饮品加工制造	0.0058	0.2833	特种陶瓷制品制造	0.0402	0.2568
中成药生产制造	0.0698	0.2345	耐火材料制品制造	0.0124	0.2769
兽用药品制造	0.0059	0.2833	风能发电机装备制造	0.0492	0.2414
生物药品制造	0.0236	0.2666	汽车整车制造	0.2546	0.0918
航天器设备制造	0.0404	0.253	改装汽车制造	0.0137	0.2754
金属加工机械制造	0.0155	0.275	低速载货汽车制造	0.0013	0.2881
冶金专用设备制造	0.093	0.2033	电车制造	0.0011	0.2886
印刷专用设备制造	0.0062	0.2829	挂车制造	0.0041	0.2851
电子和电工机械专用设备制造	0.0103	0.2791	汽车零部件制造	0.2091	0.099
生物医疗仪器设备及器械制造	0.0186	0.2719			

如表 5 - 4 所示，电车制造是战略性新兴产业综合得分最高的一个产业，电车制造产业是跨类别的产业，电车制造产业既属于新能源汽车产业，又属于高端装备制造业，是未来产业发展着重投资和看多的产业。电车制造（以比亚迪为例）是重要的产业，各省市都在着力布局。

表 5 - 4　　　　　　　　战略性新兴产业经济效率评价

产业	综合值	排序	产业	综合值	排序
电车制造	0.9962	1	玻璃纤维和玻璃纤维增强塑料制品制造	0.9517	18
低速载货汽车制造	0.9952	2	生物化学农药及微生物农药制造	0.9466	19
有色金属铸造	0.995	3	金属加工机械制造	0.9465	20
雷达及配套设备制造	0.986	4	光学玻璃制造	0.9455	21
挂车制造	0.9857	5	生物医疗仪器设备及器械制造	0.9361	22
钟表与计时仪器制造	0.9816	6	有色金属合金制造	0.936	23
中药饮品加工制造	0.9797	7	石墨及非金属制品制造	0.9212	24
兽用药品制造	0.9795	8	生物药品制造	0.9185	25
印刷专用设备制造	0.9784	9	涂料油墨颜料及类似产品	0.9149	26
废弃资源和废旧材料回收加工	0.9695	10	环境污染防治专用设备制造	0.9143	27
专用仪器仪表制造	0.9653	11	玻璃制品制造	0.9067	28
稀有稀土金属冶炼	0.965	12	通用仪器仪表制造	0.8982	29
光学仪器制造	0.9645	13	特种陶瓷制品制造	0.8645	30
电子和电工机械专用设备制造	0.9642	14	化学药品原料药制造	0.8623	31
耐火材料制品制造	0.9569	15	航天器设备制造	0.8621	32
广播电视设备制造	0.9546	16	视听设备制造	0.835	33
改装汽车制造	0.9526	17	风能发电机装备制造	0.8305	34

产业	综合值	排序	产业	综合值	排序
光纤、光缆制造	0.7885	35	合成材料制造	0.6442	43
中成药生产制造	0.7705	36	电子元件制造	0.5713	44
冶金专用设备制造	0.6861	37	基础化学原料制造	0.4947	45
化学药品制剂制造	0.6823	38	电子器件制造	0.4742	46
专用化学用品制造	0.6773	39	通信设备制造	0.4125	47
计算机制造	0.6748	40	汽车零部件制造	0.3214	48
有机肥料及微生物肥料制造	0.6656	41	汽车整车制造	0.2651	49
有色金属压延加工	0.6634	42			

从表 5 - 4 可以得出样本期间，战略性新兴产业中，平均水平为 0.83，有 34 个产业高于平均水平，另有 15 个产业低于平均水平。我国战略性新兴产业各个行业的经济效率之间存在差异并且极不平衡。

从整体上看，电车制造产业是排第一位的，低速载货汽车制造、有色金属铸造、雷达及配套设备制造、挂车制造、钟表与计时仪器制造分列其后。经济效率综合评价排在最后六位的产业分别为电子元件制造、基础化学原料制造、电子器件制造、通信设备制造、汽车零部件制造、汽车整车制造，综合评价整体上是符合客观实际的。按照 C 值的大小，本研究将 49 个战略性新兴产业划分为四类。

第一类：$C \geqslant 0.98$，包括电车制造、低速载货汽车制造、有色金属铸造、雷达及配套设备制造、挂车制造、钟表与计时仪器制造等 6 个产业，其经济效率属于遥遥领先的，经济效率是极大超出平均水平的阶段，国家在这些战略性新兴产业有新能源汽车产业、新材料产业、高端装备制造业；这 6 个战略性新兴产业对固定资产投资、科技人才投入、技术引进转化效率、经济生产投入、投入要素与产出之间呈现指数型增长关系，产业和科研院所的合作成熟，形成了产学研用的机制，促成各种扶持政策、引进技术、技术人才转化为生产力，对经济的反馈是长效的、促进的。

第二类：$0.98 > C \geqslant 0.90$，包括中药饮品加工制造、兽用药品制造、印刷专用设备制造、废弃资源和废旧材料回收加工等22个战略性新兴产业。投入要素与产出要素成正比，投入要素初期呈现规模效应，后期经济产出十分平稳，其经济效率属于高水平阶段。

第三类：$0.90 > C \geqslant 0.6$，包含通用仪器仪表制造、特种陶瓷制品制造、化学药品原料药制造等15个战略性新兴产业，属于经济效率平均水平阶段。这些战略性新兴产业中，有的产业要素投入少，经济效率在战略性新兴产业的地位不是很重要，导致经济效率水平一般。本研究分析，经济产出和引进技术转化为生产力是这部分战略性新兴产业的瓶颈，导致其经济产出与其经济投入不相匹配。

第四类：$C < 0.6$，包含电子元件制造、基础化学原料制造、电子器件制造、通信设备制造、汽车零部件制造、汽车整车制造等6个战略性新兴产业，属于低水平经济效率。主要原因是与战略性新兴产业的固定资产投入少、研发资金不足、创新环境的缺失和科技人才的流失等有关。

从实证结果可以很清楚地看到，电车制造与汽车零部件制造、汽车整车制造的断崖式发展差距，电车制造作为智能制造时代的先驱，发展迅速，但是配套产业发展滞后，汽车零部件产业在2010~2017年，工业增加值上升了10%，汽车整车制造产业工业增加值增长了5%，发展略显滞后。但是这两个产业目前处于转型期，厚积薄发，在战略性新兴产业中，新能源汽车产业面向市场，科技集成，未来的新能源汽车将成为一个终端产品，如同今日的手机一样。在5G甚至未来的6G时代，借助区块链技术，汽车与汽车之间将形成车联网、与公司或者家形成物联网。

从表5-5可以看出，新材料产业和新能源汽车产业中有1-3个领先水平的细分产业；高端装备制造产业、新材料产业、生物产业、新能源汽车产业、节能环保产业和数字创意产业各有一个以上的高水平的细分产业；新一代信息技术产业和新能源产业仅是平均水平；高端装备制造产业、生物产业和新能源汽车产业分别有 1 – 3 个低水平的细分产业。

表 5 – 5　　　　　　　战略性新兴产业统计监测格局分析表

战略性新兴产业	产业数量	产业类型	产业数量
新一代信息技术产业	1	平均水平	1
高端装备制造产业	15	领先水平	3
		高水平	5
		平均水平	4
		低水平	3
新材料产业	13	领先水平	1
		高水平	8
		平均水平	4
生物产业	11	高水平	5
		平均水平	5
		低水平	1
新能源汽车产业	5	领先水平	2
		高水平	1
		低水平	2
新能源产业	1	平均水平	1
节能环保产业	2	高水平	2
数字创意产业	1	高水平	1

5.5　提升战略性新兴产业经济效率的对策和建议

本研究应用熵权 TOPSIS 法对战略性新兴产业经济效率的指标体系进行了指标权重的测度，然后利用理想值法对战略性新兴产业目录中的 49 个产业进行了排名分析。本研究的结论如下：第一，新能源汽车产业的经济效率整体平均最低；高端装备制造产业、新材料产业、生物产业、新一代信息技术产业、新能源产业的整体平均经济效率处于平均水平；节能环保产业、数字创意产业经济效率整体平均处于高水平。第二，新能源汽车产业是战略性新兴产业中风险最大的产业，新能源汽车上下游产业链经济效率差距悬殊，电车制造产业经济效率最高，但是相配套的汽车零部件制造、汽车整车制造经济效率最低。第三，高端装备制造产业经济效率较高，较好地实现了制造业高质量发展的目标，较好地匹配了"中国制造 2025"的发展愿景，说明战略性新兴产业的战略意图达到了。第四，战略性新兴产业的期间费用在整体的产业投入较大，尤其是销售费用投入十分大，需要进一步的成本优化。

因此，提升战略性新兴产业经济效率需要从以下六个方面进行。

第一，对经济效率高的产业进行巩固，对基础薄弱、经济效率低的产业，加大固定资产投入、科技人员投入，形成产业链之间密切链接、互有技术促进、立体化发展格局。

第二，高风险产业需要进行风险公示，对即将进入该产业的投资者进行提醒，完善产业的内部控制与风险评价制度。设立产业风险管理委员会，对国际风险、金融风险、经营风险等进行风险控制。提升战略性新兴产业防范风险及处理风险的能力，坚决打赢三大攻坚战，防范重大风险的发生，做好防风险、保稳定等"六稳"工作。

第三，推动高端装备制造业吸收并转化先进技术的能力。为了巩固高端装备制造业较高的经济效率，也为了践行习近平总书记在河南调研时"把我国制造业和实体经济搞上去，推动我国经济由量大转向质强"[①] 的重要遵循，必须提升制造业吸收先进技术的能力和技术升级的速度，实现高端装备制造业的创新驱动，继续走高质量发展的路径。

---

① 坚定不移地推进制造业高质量发展 ［N］. 经济参考报，2019 - 09 - 20.

　　第四，合理配置战略性新兴产业要素投入，提高产业的生产技术效率，优化产业的管理费用、销售费用和财务费用，尤其是在销售商品和材料、提供劳务过程中的费用。

　　第五，完善战略性新兴产业的政策法规。战略性新兴产业是未来发展的一项重要战略，国家各部委积极推动战略性新兴产业发展、从产业生产、深度融合、非公经济等宏观层面对战略性新兴产业进行了规划。各省、直辖市为了实现战略性新兴产业高质量发展，需要进一步形成各地的配套法律法规及相关政策。

　　第六，营造良好融资环境、加快产业市场化。战略性新兴产业整体上步入了发展期，需要金融、信贷资金拓展新兴业务，需要提升战略性新兴产业主营业务收入，这就离不开地方政府从市场配置、融资环境、资本化运作等方面入手，营造蓬勃发展的氛围。

第6章

典型中国战略性新兴产业的
统计监测研究

前文中，本书已经详细阐释了中国战略性新兴产业的培育路径及其统计监测原理，本章拟利用统计监测的相关理论和统计研究方法展开实证分析，即选取具有典型性的战略性新兴产业进行统计监测分析。为了科学地论证，本章按战略性新兴产业目录依次选取新一代信息技术产业、高端装备制造产业、新材料产业、新能源汽车产业、新能源产业、节能环保产业、数字创意产业等7大领域的上市公司作为样本进行统计监测。

其中，由于战略性新兴产业分类更新时间不长，学术界对战略性新兴产业的相关服务业定义为新技术与创新创业服务和其他相关服务两类，但是对于具体公司而言，相关服务业的具体内涵难以明确，相关的企业不易进行分类，故在本章中没有对于相关服务业进行统计监测研究。

6.1　中国新一代信息技术产业统计监测研究

中国新一代信息技术产业作为战略性新兴产业的重要组成部分，在实现产业升级、政府办公信息化等目标有着举足轻重的作用，本书选取了新一代信息技术产业的192家上市公司的企业进行了统计监测，观察新一代信息技术产业的层次结构、发展瓶颈及解决对策。

6.1.1　研究现状与研究目的

新一代信息技术包括 5G、IPv6、人工智能、机器学习、边缘计算、物联网、绿色技术、VR 和 AR 等，代表着信息时代科技的前沿水平，是第一生产力。新一代信息技术发展迅猛，政府颁布了《数字中国建设整体布局规划》《"十四五"信息通信行业发展规划》《"双千兆"网络协同发展行动计划（2021—2023 年)》等信息技术产业的文件，这些文件的出台和落地加快了新一代信息技术产业的发展，在信息时代背景下，新一代信息技术产业呈现出以下特征：一是千兆光网、5G 为代表的"双千兆"网络技术进入了启动阶段，国家迫切需要更新"双千兆"网络的建设环境，不断提升"双千兆"网络的覆盖水平和覆盖效率；二是"双千兆"网络深度覆盖的载体资源丰富，如电力、市政、交通运输等。跨行业共享使用"双千兆"网络能避免不同部门间的重复建设导致的资源浪费，也是一种收益；三是随着农村"双千兆"网络的基础设施建设推进，农村 2G – 5G 通信杆线整治的诉求日益迫切，亟须推动新建杆线的共建共享，加大已建杆线的使用效率和加强已建杆线的日常维护。

如图 6 – 1 所示，移动电话基站数逐年上升，年均增长率达到 9.77%；其中，4G 基站数从 2017 年的 328 万个增长至 2022 年的 603 万个，年均增长率达到 10.68%；中国从 2019 年开始对 5G 进行商用，当年建成 15 万个基站，截至 2022 年底，5G 基站数已达 231 万个，近 4 年的年均增长率达 98.1%。只有新一代信息技术产业的基础设施建设稳步推进，才能引领 5G 行业创新、生态合作和赋能、可持续发展，探索 5G 生态建设新方向、新思路，5G 发展新模式、新路径，打造合作共赢、生态繁荣的 5G 生态圈，这样由新一代信息技术产业辐射的农林牧渔业、智能制造业、贸易业、服务业才能有更好的发展。

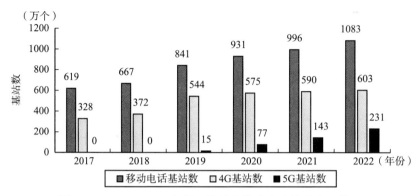

图 6-1   2017~2022 年新一代信息技术产业基站建设情况

6.1.2   研究设计

由于衡量新一代信息技术产业的指标众多，且各地区信息技术发展水平存在异质性，导致各学者选取的指标有一定的差异。

何洁莹（2020）选择了总资产报酬率、股权等指标对信息技术产业进行了分析；刘芳（2015）选取了总资产净利润率（ROA）、净资产收益率（ROE）、成本费用利用率、存货周转率、总资产周转率对战略性新兴能源产业的政策针对性进行分析。

本研究在借鉴前人研究的基础上，结合报告的目标和方向，确定了盈利、偿债、营运、发展四个维度，对统一大市场下新一代信息技术产业的企业绩效进行分析，以 2017~2021 年国泰安经济金融数据库（CSMAR）新一代信息技术产业的上市公司总资产周转率、存货周转率、销售费用率等 10 个指标作为研究对象构建了业绩监测指标体系（见表 6-1），本研究使用的方法是熵权 TOPSIS 方法。

表 6-1   新一代信息技术产业的业绩监测指标体系

维度	指标	指标公式	性质
盈利能力	总资产报酬率	净利润/总资产	正向
	主营业务利润率	主营业务利润/营业收入	正向

续表

维度	指标	指标公式	性质
偿债能力	资产负债率	负债总额/资产总额	正向
	流动比率	流动资产/流动负债	正向
	速动比率	速动资产/流动负债	正向
营运能力	存货周转率	销货成本/平均存货余额	正向
	总资产周转率	营业收入净额/平均资产总额	正向
发展能力	主营营业收入增长率	(本期主营业务收入－上期主营业务收入)/上期主营业务收入	适度
	净利润增长率	(当期净利润－上期净利润)÷上期净利润	适度
	总资产增长率	(本期总资产－上期总资产)/上期总资产	适度

6.1.3 结果分析

从表6－2可以清楚看到，在新一代信息技术产业的统计监测中，资产负债率权重15.386%，所占的比重最大，其次是主营营业收入增长率13.766%，总资产周转率、流动比率均超过了10%，总资产报酬率、净利润增长率、总资产增长率等渐次变小，权重最小的是总资产报酬率，仅为5.116%，从中我们可以清楚地看到偿债能力、营运能力在产业的监测中十分重要。

表6－2　　2017～2021年新一代信息技术产业指标体系权重分析

指标	2017年	2018年	2019年	2020年	2021年	平均权重
总资产报酬率	0.0501	0.0554	0.0559	0.0562	0.0382	0.05116
主营业务利润率	0.0832	0.0953	0.0929	0.0918	0.1089	0.09442
资产负债率	0.158	0.1606	0.1496	0.1567	0.1444	0.15386
流动比率	0.1037	0.1269	0.1271	0.1551	0.1024	0.12304
速动比率	0.0552	0.0555	0.0575	0.0661	0.0423	0.05532
存货周转率	0.0692	0.0767	0.0785	0.0761	0.1329	0.08668

续表

指标	2017 年	2018 年	2019 年	2020 年	2021 年	平均权重
总资产周转率	0.1377	0.0998	0.0984	0.1035	0.0744	0.10276
主营营业收入增长率	0.16	0.1279	0.131	0.136	0.1334	0.13766
净利润增长率	0.0899	0.0991	0.1024	0.074	0.113	0.09568
总资产增长率	0.0931	0.1027	0.1066	0.0844	0.1101	0.09938

由图 6 - 2 和表 6 - 3 可以看出，偿债能力维度经历了倒"U"型的发展趋势，偿债能力在四个维度中总体偏强，权重占比较大，历年变化较小，趋于稳定；盈利能力几乎停滞，说明新一代信息技术产业受疫情影响，盈利相关方面几乎没有增长，仅维持现状；与盈利能力相对应的变化，发展能力呈现逐年递增趋势，并且在 2021 年达到最高值。

表 6 - 3　　　新一代信息技术产业维度层 2017 ~ 2021 年权重值

指标维度	2017 年	2018 年	2019 年	2020 年	2021 年
盈利能力	0.1333	0.1507	0.1488	0.148	0.1471
偿债能力	0.3169	0.343	0.3342	0.3779	0.2891
营运能力	0.2069	0.1765	0.1769	0.1796	0.2073
发展能力	0.343	0.3297	0.34	0.2944	0.3565

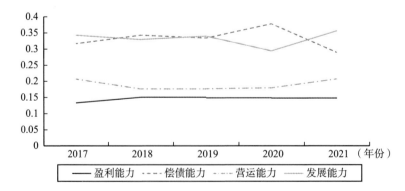

图 6 - 2　2017 ~ 2021 年新一代信息技术产业指标维度分析

从表 6 - 4 中可以看到，在对新一代信息技术产业监测中，偿债能力、发展能力重要性类似，其平均权重值均超过 33%，远高于盈利能力和营运能力，在产业的监测中占据重要地位。另外，从该维度层各项指标观察中可以知道，其表现主要得益于资产负债率和主营营业收入增长率；凭借良好的总资产周转率，营运能力居于其次，其平均权重为 18.944%；相较于前三者的平均权重值，盈利能力在产业监测中表现并不突出，其中，具有代表性的总资产报酬率指标仅为 5.12%，其平均权重值为 14.558%。

表 6 - 4　　　　　　　新一代信息技术产业维度层平均权重

指标维度	权重
盈利能力	0.14558
偿债能力	0.33222
营运能力	0.18944
发展能力	0.33272

按照新一代信息技术企业的平均得分进行排序，可以将表 6 - 5 中企业分为三类，中国移动、中国联通、深康佳 A、四川长虹、歌尔股份、东方明珠、冠捷科技、烽火通信、深天马 A、国电南瑞等 10 家新一代信息技术企业的得分均值 $C \geqslant 0.1$，这些企业属于新一代信息技术企业第一梯队。表 6 - 5 清楚表明，在新一代信息技术企业中，紧跟技术的更新，以 5G 技术为主的企业分布格局初步形成，5G 无线技术的商用化已经开始，并将为信息技术产业带来巨大影响，5G 的超高上传速度、超高下载速度、极低延迟和免费的容量将促进物联网、智能交通和 AR 等经济领域应用的发展；尤其是以中国移动、中国联通（中国电信于 2021 年上市，本次分析尚未涵盖）为翘楚，这些企业有着较好的政策支持和比较完整的产业基础，因此在对新一代信息技术产业监测中，企业财务绩效水平是排在前列的。

当 $0.01 \leqslant C < 0.1$，第二梯队的新一代信息技术企业如海信视像、闻泰科技、ST 实达、生益科技、深科技等 135 家企业，这类企业有着较完善的产业生产能力，大多在人工智能、机器学习、边缘计算、物联网、绿色技术、VR 和 AR 等信息技术领域深耕，利用 AI、机器学习等深度学习技术、数据大规模集合使用，信息技术在其他战略性新兴行业的交叉应用逐渐拓宽边界，如该梯队企业的主营业务包括自动驾驶汽车、医疗诊断、金融领域风险管理和远程助理等，该梯队 35 家企业是新一代信息技术产业的主体。

表 6 – 5   新一代信息技术企业的监测分析

企业名称	分值	企业名称	分值
中国移动	0.804102	东山精密	0.060572
中国联通	0.427545	长电科技	0.052825
深康佳 A	0.162204	ST 鹏博士	0.050084
四川长虹	0.14483	韦尔股份	0.048152
歌尔股份	0.12978	华映科技	0.041621
东方明珠	0.123104	沪电股份	0.035562
冠捷科技	0.11541	通富微电	0.035327
烽火通信	0.110215	众应退	0.035103
深天马 A	0.102294	贵广网络	0.03258
国电南瑞	0.100762	航天电器	0.032573
海信视像	0.093086	网宿科技	0.032566
闻泰科技	0.085499	完美世界	0.032323
ST 实达	0.075368	科大讯飞	0.032093
生益科技	0.072368	长园集团	0.031469
深科技	0.069745	新疆众和	0.029623
用友网络	0.069098	福日电子	0.02899
中国长城	0.068955	深南电路	0.028893
彩虹股份	0.063345	依顿电子	0.028328

续表

企业名称	分值	企业名称	分值
士兰微	0.027796	鼎信通讯	0.018341
巨人网络	0.027719	汉得信息	0.018143
胜利精密	0.027381	南京熊猫	0.018008
电科数字	0.025415	ST信通	0.01797
中国软件	0.024242	金证股份	0.017582
创维数字	0.023701	大豪科技	0.017512
莱宝高科	0.02362	中国海防	0.017508
千方科技	0.023488	国星光电	0.017322
云赛智联	0.023466	意华股份	0.01713
中科曙光	0.022768	艾华集团	0.016839
中国卫星	0.022673	国网信通	0.016819
兆易创新	0.022432	瑞斯康达	0.016731
恒生电子	0.022226	江海股份	0.016686
光迅科技	0.022017	崇达技术	0.016506
利欧股份	0.021765	火炬电子	0.016351
航天机电	0.021133	浙大网新	0.016273
ST瀚叶	0.020804	世运电路	0.016202
吉比特	0.020669	水晶光电	0.016087
法拉电子	0.02058	大唐电信	0.016072
大富科技	0.019949	国新文化	0.016022
天威视讯	0.019741	东方通信	0.016021
城地香江	0.01965	威帝股份	0.016013
万达信息	0.01941	天通股份	0.01569
景旺电子	0.019357	四维图新	0.015584
汇顶科技	0.018852	七一二	0.015395
超声电子	0.018847	上海贝岭	0.015306
共进股份	0.018566	骏亚科技	0.015275
国脉文化	0.018459	豆神教育	0.015049

续表

企业名称	分值	企业名称	分值
佳都科技	0.014674	易德龙	0.012121
浙数文化	0.014639	北矿科技	0.012111
华微电子	0.014365	航天彩虹	0.01206
晶方科技	0.014232	泰晶科技	0.012056
博敏电子	0.01423	恒为科技	0.012053
天融信	0.013625	睿能科技	0.012024
剑桥科技	0.013589	弘信电子	0.011914
东尼电子	0.013553	麦迪科技	0.011871
苏州科达	0.013549	乾照光电	0.011799
国脉科技	0.01352	光弘科技	0.011789
春秋电子	0.013509	退市游久	0.011701
丹邦退	0.013395	海量数据	0.011696
新智认知	0.013086	中远海科	0.01167
南威软件	0.012992	润和软件	0.011598
国光电器	0.012957	大恒科技	0.011448
北方导航	0.012879	启明星辰	0.01142
恒宝股份	0.012778	浙江富润	0.01125
经纬辉开	0.012699	雷科防务	0.011157
徕木股份	0.012624	远望谷	0.011074
超华科技	0.012591	电连技术	0.01102
星辉娱乐	0.012559	奥士康	0.010888
宏昌电子	0.012415	声光电科	0.010608
纵横通信	0.012366	深纺织 A	0.010444
华脉科技	0.012328	安居宝	0.010389
碳元科技	0.012264	国民技术	0.010193
淳中科技	0.01226	晨曦航空	0.009923
北纬科技	0.012229	凯撒文化	0.009883
中通国脉	0.012159	鸿利智汇	0.009724

续表

企业名称	分值	企业名称	分值
精研科技	0.009694	川大智胜	0.006723
姚记科技	0.009454	铜峰电子	0.006718
焦点科技	0.009418	华平股份	0.006622
久其软件	0.009405	易联众	0.006513
动力源	0.009107	美格智能	0.006359
三利谱	0.009023	茂硕电源	0.006294
信雅达	0.008947	晓程科技	0.006258
锦富技术	0.008899	可立克	0.00619
洁美科技	0.008854	新亚制程	0.006132
激智科技	0.008695	实益达	0.006067
惠程科技	0.008554	中孚信息	0.006047
旭光电子	0.008392	华力创通	0.006027
康强电子	0.008318	立方数科	0.005999
捷捷微电	0.008154	国美通讯	0.005955
大立科技	0.008147	国旅联合	0.005909
超图软件	0.008123	世嘉科技	0.005908
明阳电路	0.008024	迪威迅	0.005881
汉王科技	0.007214	大晟文化	0.005654
久远银海	0.007201	湘邮科技	0.005259
辉煌科技	0.006936	科创信息	0.005214
京泉华	0.006784	ST 国华	0.005078
光莆股份	0.006723	好利科技	0.004999

当 $C < 0.01$，第三梯队的新一代信息技术企业包括晨曦航空、凯撒文化、鸿利智汇、精研科技、姚记科技、焦点科技、久其软件、动力源、三利谱、信雅达、锦富技术、洁美科技、激智科技、惠程科技、旭光电子、康强电子、捷捷微电、大立科技、超图软件、明阳电

路、汉王科技、久远银海、辉煌科技、京泉华、光莆股份、川大智胜、铜峰电子、华平股份、易联众、美格智能、茂硕电源、晓程科技、可立克、新亚制程、实益达、中孚信息、华力创通、立方数科、国美通讯、国旅联合、世嘉科技、迪威迅、大晟文化、湘邮科技、科创信息、ST国华、好利科技等47家，表明在新一代信息技术企业的统计监测中，这类企业的财务绩效水平较低。其中原因，一方面，这是由这些企业的经济发展状况导致的，尤其是疫情三年，与服务业如旅游类、软件类、著作权类等息息相关的公司业务层面遭受断崖式冲击，导致其盈利能力受损，偿债能力欠佳；另一方面，这些企业都是以传统信息技术为主，对5G时代的新技术、新管理、新服务尚未衔接，处于阵痛后的恢复期，这些企业亟须改变以往的生产经营方式，更新系统，以期在新经济时期把握信息技术发展的红利，守好信息技术应有的前沿阵地，发挥新一代信息技术企业的重要传播和引导作用。

6.1.4 结论与政策

新一代信息技术产业作为战略性新兴产业的重要组成部分，在实现产业升级、政府办公信息化目标方面有着举足轻重的作用，本研究对新一代信息技术产业的192家上市公司进行了统计监测，监测结果表明，新一代信息技术产业大致归为三类，其中，针对第一类新一代信息技术产业的企业，建议该类企业继续实施高科技、高强度的生产方式，生产方式固定之后，需要良好的外部环境进行支撑。

其一，加大对新一代信息技术产业的投资支持。认真贯彻落实政府已经颁布的对信息技术产业的促进政策，履行对信息技术企业的税收减免政策，出台相关文件来鼓励中国移动、中国联通和中国电信三巨头开展5G基站共建共享，杜绝重复建设、无效建设等。

其二，提升新一代信息技术产业相关企业的盈利能力。疫情期间，新一代信息技术产业受到巨大冲击，新一代信息技术产业的企业资产负债率较高，总资产周转率和总资产报酬率偏低，所以需要提高企业的产品质量、扩大企业的知名度，适度提升企业的营运能力、盈利能力情况。

6.2　中国高端装备制造产业统计监测研究

6.2.1　研究现状与研究目的

中国高端装备制造业正处于平稳上升的阶段，长期以来我国依靠"引进—落后—再引进"的模式发展，这使我国在知识技术密集、附加值高的高精尖领域一直受制于人。中国制造业需要进行转型升级，传统制造业需要向高端制造业转型。通过提高产品质量、加强品牌建设和创新设计等措施，中国制造业可以提高产品附加值，实现转型升级。只有通过转型升级，中国制造业才能实现可持续发展，并在竞争激烈的国际市场中保持竞争力。因此，打造适合我国自身国情的中国高端装备制造产业是有必要的。本研究目的之一是助力高端装备制造产业高质量发展，这也是提升我国装备制造产业核心竞争力的必然要求，是抢占未来经济和科技发展的战略性选择。党的二十大报告指出，"建设现代化产业体系，坚持把发展经济的着力点放在实体经济上，推进新型工业化，加快建设制造强国、质量强国、航天强国、交通强国、网络强国、数字中国""实施产业基础再造工程和重大技术装备攻关工程，支持专精特新企业发展，推动制造业高端化、智能化、绿色化发展"，为我国制造业特别是高端制造业的发展指明了方向和路径。并且随着"中国制造2025"战略的提出，我国装备制造特别是高端装备制造业迎来了发展的春天。随着国家对战略性新兴产业的重视和政策上对创新的鼓励与支持，使我国高端装备制造产业取得了瞩目的成就。但在加快产业转型升级的大背景下，高端装备制造业仍面临巨大挑战。

近年来，我国高端装备制造业等高附加值产业快速成长。《工业绿色发展白皮书》显示，2022 年，中国已形成高端装备、新材料、新能源及智能网联汽车等 45 个国家先进制造集群，主导产业总产值超 20 万亿元。随着新能源的推广，相关装备也进入了高速增长期。中国光伏产量已连续多年保持全球第一，行业总产值突破 1.4 万亿元。同时，新能源汽车、绿色船舶和航空等绿色交通工具热度也不断增长，2022 年，新能源汽车产销量连续 8 年居全球第一。

从我国高端装备制造业企业发展数量来看，近三年来，我国高端装备制造产业企业数量呈现稳步增加态势。就上述 8 个高端装备制造行业来看，2020 年我国装备制造业企业数量为 15057 个，2021 年发展到 16205 个，比上年增加了 1148 个，增加了 7.62%，2022 年达到 18766 个，比上年增加了 2561 个，增加了 15.8%。如表 6 - 6 所示。

表 6 - 6 　　　　2020~2022 年中国高端装备制造业企业数量变化

行业	2020 年	2021 年		2022 年	
	企业数/家	企业数/家	比上年增长/%	企业数/家	比上年增长/%
高端电子设备仪器制造	2234	2656	18.89	3220	21.23
航空装备产业	558	651	16.67	746	14.59
轨道交通装备制造	1053	1114	5.79	1212	8.80
海洋工程装备产业	68	78	14.71	100	28.21
智能制造装备产业	3967	4274	7.74	5077	18.79
核电装备制造	640	620	-3.13	647	4.35
重大成套设备制造	3703	3847	3.89	4427	15.48
太阳能产业	2834	2965	4.62	3337	12.55
合计	15057	16205	7.62	18766	15.80

更进一步，从我国高端装备制造业内部各行业企业数量发展变化情况来看，八大细分行业的变化有些许差异。企业数量增长最快的首先是海洋工程装备产业，企业数量由 2020 年的 68 增加到 2022 年的 100 家，增加了 32 家，增长了 47.06%，特别是 2021 年至 2022 年，增长了 28.21%；其次是高端电子设备仪器制造产业，企业由 2020 年的 2234 家迅速增长到 2022 年的 3220 家，增加了 986 家，增长了 44.14%，两年内分别增长了 18.89% 和 21.23%。企业数量增长排在第三位和第四位的分别是智能制造装备产业和重大成套设备制造，企业数量分别由 2020 年的 3967 家和 3703 家增加到 2022 年的 5077 家和 4427 家，分别增长了 33.69% 和 27.98%，其增长速度均高于产业总体数量增幅；轨道交通装备制造产业、航空装备产业和太阳能产业，企业数量自 2020 年至 2022 年总体增幅相近，分别为 8.8%、14.59%；核电装备制造产业企业数量较 2020 年略有增加，由 640 家增至 647 家；而 2021 年核电装备制造产业企业数量与 2020 年企业数量作对比，有小幅的减少趋势，由 640 家减至 620 家。2020 年至 2022 年我国装备制造产业内部各行业企业数量出现变化，究其原因，大致可分为两种：一是产业自身发展速度快；二是国家政策的动向变化。具体来看，半导体、高端机械制造迎来爆发期；受"双碳"目标、国际能源短缺、电能替代等驱动，风电、光伏、储能、新能源智能汽车、交通装备电气化等高速发展。各个细分产业企业在 8 个高端装备制造业总数量所占比重的变化，在一定程度上，也能反映出我国高端装备制造业内部组成的变化。

由图 6-3 可知，我国高端装备制造行业产值规模呈上升之势，在 2020 年短暂放缓后，于后两年增势更猛。随着国家政策的支持和国内外市场需求的推动，高端装备行业总体规模不断扩大，2022 年我国高端装备制造行业产值规模达 21.33 万亿元。预计 2024 年接近 40 万亿元，具有超大市场规模，同时，随着近几年配套产业的完善，产业链已经较为完善，形成超大产业链。大规模、大产业链加大产业发展筹码，有利于合作发展。也可看出，我国高端装备自主可控既是中国产业发展的大势所趋，更是构建中国制造全球竞争力的势在必行之举。"双循环"新格局的构建将进一步加快这一进程，高端装备制造产业发展也将迎来关键战略机遇期。

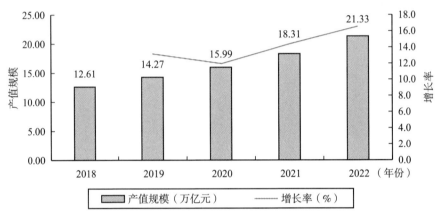

图 6－3　2018～2022 年中国高端装备制造行业产值规模分析

6.2.2　研究设计

由于衡量高端装备制造业的指标体系层次丰富，且各地区信息技术发展水平存在异质性，各学者选取的指标有一定的差异。

本研究在借鉴前人研究的基础上，结合研究的目标和方向，参照新一代信息技术产业的业绩监测指标体系，同样确定了盈利、偿债、营运、发展四个维度，对统一大市场下高端装备制造产业的企业绩效进行分析，以 2017～2021 年国泰安经济金融数据库（CSMAR）高端装备制造产业的上市公司总资产报酬率、主营业务利润率、资产负债率等 10 个指标作为研究对象构建了指标体系（如表 6－7 所示）。本研究使用的方法是熵权 TOPSIS 方法。

表6－7　　　　　　　**高端装备制造产业的业绩监测指标体系**

维度	指标	指标公式	性质
盈利能力	总资产报酬率	净利润/总资产	正向
	主营业务利润率	主营业务利润/营业收入	正向
偿债能力	资产负债率	负债总额/资产总额	正向
	流动比率	流动资产/流动负债	正向
	速动比率	速动资产/流动负债	正向
营运能力	存货周转率	销货成本/平均存货余额	正向
	总资产周转率	营业收入净额/平均资产总额	正向
发展能力	主营营业收入增长率	(本期主营业务收入 − 上期主营业务收入)/上期主营业务收入	适度
	净利润增长率	(当期净利润 − 上期净利润) ÷ 上期净利润	适度
	总资产增长率	(本期总资产 − 上期总资产)/上期总资产	适度

6.2.3　结果分析

从表6－8可以清楚看到，在高端装备制造业的统计监测中，净利润增长率权重20.388%，所占的比重最大，其次是主营营业收入增长率17.116%，总资产增长率、流动比率、速动比率均超过了10%，总资产报酬率、存货周转率、资产负债率渐次变小，权重最小的是主营业务利润率，仅为2.852%，从中我们可以清楚地看到偿债能力、发展能力在高端装备制造产业的监测中十分重要。

表6－8　　　　**2017～2021年高端装备制造产业指标体系权重分析**

指标	2017 年	2018 年	2019 年	2020 年	2021 年	平均权重
总资产报酬率	0.1255	0.0257	0.2012	0.019	0.0137	0.07702
主营业务利润率	0.0805	0.0042	0.0082	0.0005	0.0492	0.02852
资产负债率	0.0431	0.053	0.0721	0.0393	0.0372	0.04894

续表

指标	2017 年	2018 年	2019 年	2020 年	2021 年	平均权重
流动比率	0.0844	0.1159	0.1024	0.0826	0.1275	0.10256
速动比率	0.1106	0.1388	0.1254	0.1059	0.1598	0.1281
存货周转率	0.0644	0.0496	0.0536	0.0484	0.0381	0.05082
总资产周转率	0.0435	0.0311	0.0342	0.0285	0.0193	0.03132
主营营业收入增长率	0.2406	0.246	0.1461	0.0945	0.1286	0.17116
净利润增长率	0.0323	0.1255	0.1302	0.44	0.2914	0.20388
总资产增长率	0.1752	0.2103	0.1266	0.1413	0.1353	0.15774

经过计算，高端装备制造产业各维度层历年权重值如表 6 - 9
所示。

表 6 - 9　　　　　　高端装备制造产业维度层历年权重值

维度	2017 年	2018 年	2019 年	2020 年	2021 年
盈利能力	0.206	0.0299	0.2094	0.0195	0.0629
偿债能力	0.2381	0.3077	0.2999	0.2278	0.3245
营运能力	0.1079	0.0807	0.0878	0.0769	0.0574
发展能力	0.4481	0.5818	0.4029	0.6758	0.5553

从图 6 -4 中可以看出，发展能力维度、盈利能力呈现出波折型
变动的发展趋势，营运能力在四个维度中总体偏弱，权重占比较小，
历年变化较小，趋于稳定；盈利能力从最开始的 20.6% 降至 2021 年
的 6.29%，呈现逐年递减的趋势，说明高端装备制造业受疫情影响，
营运相关方面进展缓慢，接近停滞，同期的盈利能力波动极大，影响
力逐年递减；与盈利能力相对应，偿债能力呈现逐年递增趋势，并且
在 2021 年达到最高值。

从表 6 -10 可以看到，在对高端装备制造业监测中，发展能力极

具重要性，其平均权重值均超 53%，远高于盈利能力、偿债能力和营运能力，在产业的监测中占据重要地位。另外，从该维度层各项指标观察中可以知道，其表现主要得益于主营营业收入增长率、净利润增长率和总资产增长率的重要性；凭借良好的流动比率和速动比率，偿债能力居于其次，其平均权重为 27.96%；相较于前二者的平均权重值，盈利能力在产业监测中表现并不突出，其中，具有代表性的总资产报酬率指标仅为 7.702%；由于高端装备制造业的特殊性，存货周转率和总资产周转率都很低，其营运能力的平均权重最低，仅为 8.214%。

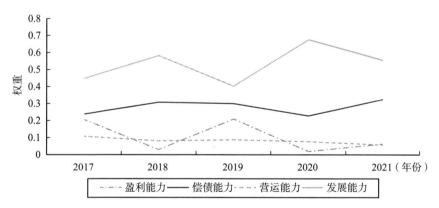

图 6 - 4　高端装备制造业指标维度分析

表 6 - 10　　　　　　　　高端装备制造产业维度层平均权重表

指标维度	权重
盈利能力	0.10554
偿债能力	0.2796
营运能力	0.08214
发展能力	0.53278

按照表 6 - 11 中高端装备制造企业的平均得分进行排序，可以分

为三类，海目星、海希通讯、天准科技、凯尔达、星辰科技、瑞晟智能、机器人、迈赫股份、艾隆科技、华昌达、亿嘉和等11家高端装备企业的得分均值 $C \geqslant 0.4$，这些企业属于高端装备制造企业第一梯队。表6-11清楚表明第一梯队的高端装备制造企业中，以智能制造装备产业为主，装备制造企业紧跟市场的需求、制造技术的更新，在国计民生中的重要领域如信息通信、智能交通、工业4.0、工业机器人等领域发挥重要的基础作用，为这些领域提供智能化、优质化和互联化的生产设施服务；尤其是以海目星、海希通讯为代表的企业所生产的高端装备具有5G高性能、高技术保障，同时具备较好的政策支持和比较完整的产业链基础，因此在对高端装备制造业企业监测中，该类企业的绩效水平是排在前列的。

表6-11 高端装备制造企业的监测分析

企业名	权重	企业名	权重
海目星	0.501448	海得控制	0.380263
海希通讯	0.495521	中控技术	0.379046
天准科技	0.486393	联赢激光	0.376649
凯尔达	0.485772	鼎智科技	0.376461
星辰科技	0.464183	智立方	0.374067
瑞晟智能	0.462804	哈工智能	0.373211
机器人	0.456636	捷昌驱动	0.37155
迈赫股份	0.441452	怡合达	0.368669
艾隆科技	0.436033	博众精工	0.36777
华昌达	0.409823	科捷智能	0.364998
亿嘉和	0.40795	豪江智能	0.364911
东杰智能	0.399327	奥普特	0.364488
迈得医疗	0.398591	宏英智能	0.363577
江苏北人	0.38873	乐创技术	0.362443
健麾信息	0.385073	凯迪股份	0.36204

续表

企业名	权重	企业名	权重
田中精机	0.360976	锐科激光	0.34867
正弦电气	0.359823	伟创电气	0.347039
英诺激光	0.359125	光韵达	0.344527
天玛智控	0.358934	瑞松科技	0.344276
光智科技	0.358687	雷赛智能	0.34423
禾川科技	0.358322	快克智能	0.343476
智云股份	0.355918	均普智能	0.342881
汇川技术	0.355619	大豪科技	0.341199
英威腾	0.355368	安达智能	0.338576
埃斯顿	0.35523	信捷电气	0.338449
杰普特	0.354879	蓝海华腾	0.335346
合康新能	0.354258	弘讯科技	0.334038
埃夫特	0.354017	绿的谐波	0.333632
华工科技	0.353515	常辅股份	0.333628
信邦智能	0.353201	赛腾股份	0.333007
景业智能	0.353038	创世纪	0.332421
欧克科技	0.352845	劲拓股份	0.328658
德龙激光	0.352562	博实股份	0.326045
矩子科技	0.35199	克来机电	0.325956
大族激光	0.351432	三丰智能	0.325818
博杰股份	0.350438	科瑞技术	0.325011
新时达	0.350297	派斯林	0.30752
双元科技	0.350209	拓斯达	0.270457
步科股份	0.348673	罗博特科	0.146352

注：作者根据相对数据整理。

当 $0.3 \leqslant C < 0.4$，第二梯队的高端装备企业东杰智能、迈得医疗、江苏北人、健麾信息、海得控制、中控技术、联赢激光、鼎智科

技、智立方、哈工智能、捷昌驱动、怡合达、博众精工、科捷智能、豪江智能等65家企业，这类企业有较完善的产业生产能力，大多在生物产业、医院医疗、人工智能、机器学习、物联网、3D打印、精工制造和基础设施建设等装备生产领域深耕，利用发明专利、高端互联、国家重点试验等精深制造的平台，高端装备制造技术多数与其他战略性新兴行业交叉生产，这些企业属于高端装备制造业的第二梯队，该梯队企业是高端装备制造业的主体。

当 $C < 0.3$，第三梯队的高端装备制造企业包括拓斯达和罗博特科2家，表明在高端装备制造企业的统计监测中，这类企业的财务绩效水平较低；其中原因，一方面，这是由这些企业的经营状况引起的，尤其是净利润增长率，拓斯达2021年为 -21.645%，罗博特科2021年为 -34.284%，数据表明企业的发展能力欠佳。生产成本的提高和销售收入的下降，导致高端装备制造企业处境艰难，在新一代信息技术的浪潮下，这类企业对5G时代衍生出来的新技术、新管理、新服务尚未衔接，导致这两家企业的财务绩效在行业内垫底，这类高端装备制造企业需要提升自身的发展水平和盈利水平。

6.2.4　结论与政策

高端装备制造产业作为战略性新兴产业的重要组成部分，对实现"双碳"目标有着举足轻重的作用，研究对高端装备制造产业的78家上市公司进行了统计监测，监测结果表明，高端装备制造产业要实现高质量制造的生产方式，则要良好的政策环境及生产环境支持。

其一，加大对高端装备制造领域的投资支持，完善地方政府的高端装备制造产业政策，加大对企业的税收减免力度，鼓励高端装备制造企业与前沿制造公司开展取经学习，发挥示范效应，使高端装备制造企业之间的技术溢出、研发溢出、人员合作、技术转让等从无到有，日益密切。

其二，高端装备制造产业的头部企业较少，需要加大对高端装备制造产业重点企业的技术支持和项目支持，扩大高端装备制造企业在国际、国内市场的影响力，让本土企业的高端装备产品走得出去，留得下来。

其三，提升高端装备制造产业的营运能力。疫情防控期间，高端装备制造产业受到巨大冲击，高端装备制造企业的存货周转率和总资产周转率较低，资金的流动比率和速动比率也偏低。所以，需要构建更多的政府公益平台来推广高端装备制造企业的高质量产品，以及给予相关的政策，鼓励事业单位采购国内企业生产的高端装备制造产品等措施。

6.3 中国新材料产业统计监测研究

6.3.1 研究现状与研究目的

我国正处于工业转型升级的关键期，很多设备、应用都离不开新材料的支撑，新材料已经成为制约我国工业转型升级的突出短板。为加快实现制造强国战略，夯实新材料产业之基是必要的。自2010年将新材料纳入国家七大战略性新兴产业以来，为不断推进中国新材料产业发展，我国对新材料产业出台了一系列政策措施：国家成立国家新材料产业发展领导小组，出台"十二五"国家战略性新兴产业发展规划、新材料产业"十二五""十三五"发展规划、增强制造业核心竞争力三年行动计划（2018~2020年）、"十三五"材料领域科技创新专项规划、中国制造2025、新材料产业发展指南、国家新材料生产应用示范平台建设方案。在"双碳"目标驱动下，新材料的研发和生产面临新的机遇与挑战，正如新能源为代表的新兴产业崛起带动新材料产业的应用市场是机遇，但突破材料品质、装备等方面的应用极限亦是挑战。要把握新形势新要求，更好发挥平台作用，围绕短板弱项协同发力，加快推动新材料产业创新发展。要坚持问题导向和目标导向，落实主体责任，完善市场化运营模式，着力在提升产业链、供应链韧性和安全水平、构建新材料新的增长引擎、优化产业创新生态上下大力气，持续提升创新和服务能力。

近年来，我国建设18个新材料生产应用示范平台、13个测试评价平台和1个资源共享平台，推动一批关键材料加速生产应用衔接和验证，开发一批关键共性技术，服务中小企业7.7万家。根据相关数据显示，近6年中国新材料企业在注册情况统计如图6-5所示。

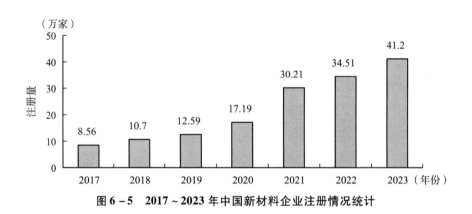

图6-5　2017～2023年中国新材料企业注册情况统计

从图6-5情况来看，总体趋势上，近几年我国新材料相关企业注册量总体呈增长之势。特别是2020年后企业注册数量高速增长。从具体数字来看，2017～2023年我国新材料相关企业注册量由8.56万家增至41.2万家，年均复合增长率高达37%。从企业总数来看，目前我国现存新材料企业数量达165.13万家。以此推断，我国有效支撑新材料产业规模正在不断扩大。

新材料产业是全球国家竞争的重点领域之一，并且随着全球高新技能产业快速发展和制造业不断转型升级，市场对于新材料需求日趋旺盛。从行业格局来看，我国新材料行业形成了三个梯队的竞争格局：第一梯队主要由外资企业构成，美国企业全面领跑，日本企业的优势在纳米材料、电子信息材料等领域，欧洲企业在结构材料、光学与光电材料等方面存在明显优势。第二梯队以龙头企业为主，代表企业有万华化学、TCL 中环等。随着国家政策的利好，高端技术的突破，我国龙头企业逐渐向第一梯队靠近。第三梯队以数量众多的中小型企业为主，以先进基础材料为主，竞争激烈。

数据显示，2023 年全球新材料产业规模接近 7.2 万亿美元。随着下游电子、医药、新能源等新兴产业的发展，全球新材料产业市场规模预计将继续增长。2024 年全球新材料市场规模达 8 万亿美元（如图 6 - 6 所示）。我国新材料产业市场规模由 2017 年的 3.2 万亿元增长至 2023 年的 7.9 万亿元。根据相关预测，2024 年我国新材料产业市场规模将达近 9 万亿元，如图 6 - 7 所示。

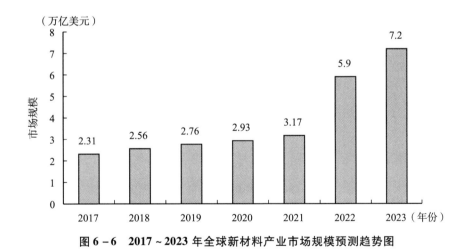

图 6 - 6 2017 ~ 2023 年全球新材料产业市场规模预测趋势图

由图 6 - 6、图 6 - 7 可知，我国与全球新材料市场规模趋势皆为上升，且增势更猛。从"双循环"的新发展背景视角来看，国际大循环动能减弱，国内大循环活力日趋强劲。当然我国市场规模的扩大离不开政策的实施和鼓励：新材料产业布局将首先突出六大产业领域，包括环境净化新材料、智能互联新材料、生物医药新材料、新能源材料、新一代信息显示新材料和新能源技术新材料。政府部门越来越重视新材料的研发，2024年的新材料行业将出现以高端、智能、无污染、节能、高性能为基调的产业新格局和新产品结构。新材料产业由于自身特点，涉及领域众多，所处周期及下游市场不同，不同行业对于新材料的需求及发展空间也不同。基于产品需求角度，目前下游需求最旺盛、发展空间最大的新材料领域为5G新材料、半导体新材料、面板新材料、高分子新材料、高性能纤维新材料和其他前沿新材料。随着下游市场对产品需求的增加，为新材料产业发展提供了广阔市场空间。新材料领域必将迎来发展的黄金时期。

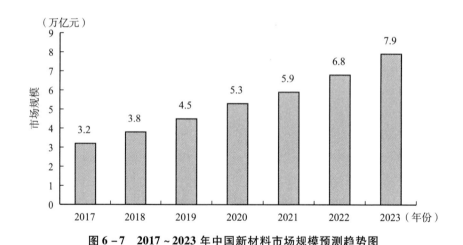

图6-7 2017~2023年中国新材料市场规模预测趋势图

从新材料产业各细分领域重点集聚区分布情况来看（见图6-8），我国新材料产业重点集聚区共有135个，重点涵盖特种无机非金属材料、先进钢铁材料、先进有色金属材料、电子信息材料、化工新材料、新型显示材料、稀土功能材料、生物基及生物医用材料、新能源材料、前沿新材料等10个领域。其中，特种无机非金属材料领域重点集聚区数量最多，为41个，其次是化工新材料领域，为23个，先进有色金属材料领域排在第三位，为22个。由于各省、区、市的优势和政策不同，导致各地发展新材料产业的做法有所不同。

本书的研究目的：在国际大环境与国家政策的驱动下，新材料产业的未来发展存在许多未知因素。因此本书通过统计监测研究对应数据，以求能够窥得新材料产业发展新动向。

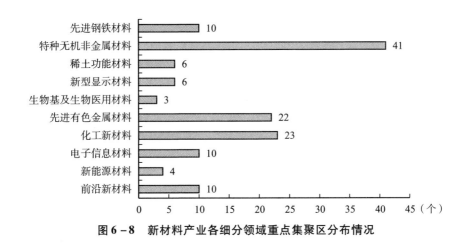

图6-8　新材料产业各细分领域重点集聚区分布情况

6.3.2　研究设计

由于衡量新材料产业的指标体系层次丰富，且各地区新材料产业发展水平存在异质性，各学者选取的指标有一定的差异。

本书在借鉴前人研究的基础上，结合报告的目标和方向，确定了盈利、偿债、营运、发展四个维度，对统一大市场下新材料产业的企业绩效进行分析，以2009~2019年新材料产业公司总资产周转率、存货周转率、销售费用率等10个指标作为研究对象构建了指标体系（如表6-12所示）。本书使用的方法是熵权TOPSIS方法。

表 6 – 12 新材料产业的业绩监测指标体系

维度	指标	指标公式	性质
盈利能力	总资产报酬率	净利润/总资产	正向
	主营业务利润率	主营业务利润/营业收入	正向
偿债能力	资产负债率	负债总额/资产总额	正向
	流动比率	流动资产/流动负债	正向
	速动比率	速动资产/流动负债	正向
营运能力	存货周转率	销货成本/平均存货余额	正向
	总资产周转率	营业收入净额/平均资产总额	正向
发展能力	主营营业收入增长率	(本期主营业务收入－上期主营业务收入)/上期主营业务收入	适度
	净利润增长率	(当期净利润－上期净利润)÷上期净利润	适度
	总资产增长率	(本期总资产－上期总资产)/上期总资产	适度

6.3.3 结果分析

从表 6 – 13 可以清楚看到，在新材料产业的统计监测中，净利润增长率权重 48.458%，所占的比重最大，其次是流动比率 10.082%，主营营业收入增长率、资产负债率、存货周转率、总资产周转率、总资产报酬率等渐次变小，权重最小的是主营业务利润率，仅为 1.964%，从表 6 – 14 中我们可以清楚地看到偿债能力、发展能力在产业的监测中十分重要。

表 6 – 13 历年新材料产业指标体系权重分析

指标	2017 年	2018 年	2019 年	2020 年	2021 年	平均权重
总资产报酬率	0.0638	0.0851	0.0743	0.0046	0.0016	0.04588
主营业务利润率	0.0008	0.0175	0.0686	0.0086	0.0027	0.01964
资产负债率	0.1163	0.1324	0.116	0.0115	0.0128	0.0778

续表

指标	2017 年	2018 年	2019 年	2020 年	2021 年	平均权重
流动比率	0.1613	0.1742	0.1415	0.0133	0.0138	0.10082
速动比率	0.0466	0.0401	0.0412	0.0031	0.0012	0.02644
存货周转率	0.0891	0.0835	0.0782	0.0042	0.0034	0.05168
总资产周转率	0.0969	0.083	0.0659	0.0033	0.0012	0.05006
主营营业收入增长率	0.1307	0.0552	0.0829	0.06043	0.0641	0.078666
净利润增长率	0.1369	0.303	0.2854	0.8485	0.8491	0.48458
总资产增长率	0.1576	0.026	0.046	0.0415	0.0501	0.06424

表 6 - 14　　　　　　　　新材料产业维度层历年权重值

维度	2017 年	2018 年	2019 年	2020 年	2021 年
盈利能力	0.0646	0.1026	0.1429	0.0132	0.0043
偿债能力	0.3242	0.3467	0.2987	0.0279	0.0278
营运能力	0.186	0.1665	0.1441	0.0075	0.0046
发展能力	0.4252	0.3842	0.4143	0.95043	0.9633

从图 6 - 9 中可以看出，发展能力维度经历了 J 型的发展趋势，偿债能力则呈现出 L 型的发展态势，盈利能力在四个维度中总体偏弱，权重占比较小，历年变化较小，趋于稳定；偿债能力从最开始的 32.42% 降至 2021 年的 2.78%，呈现逐年递减的趋势，说明新材料产业受疫情影响，营运相关方面进展缓慢，接近停滞，2017～2021 年营运能力波动极大，影响力逐年递减，偿债能力也下降；与营运能力和偿债能力相反，发展能力呈现逐年递增趋势，并且在 2021 年达到最高值。

从表 6 - 15 中可以看到，在对新材料产业监测中，发展能力最为重要，平均权重达到 63.17%，偿债能力其次，平均权重值接近 20.11%，远高于盈利能力和营运能力，在产业的监测中占据重要地位。另外，从该维度层各项指标观察中可知，发展能力表现主要得益于净利润增长率和主营营业收入增长率；凭借良好的流动比率，偿债能力居于其次；相较于前三者的平均权重值，盈利能力在产业监测中表现并不突出，其平均权重值为 6.552%，其中，具有代表性的总资产报酬率指标仅为 4.588%。

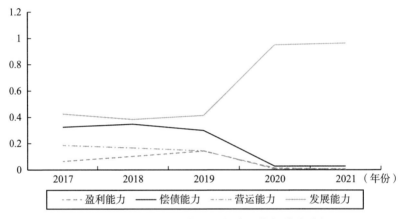

图 6 – 9　2017～2021 年新材料产业指标维度分析

表 6 – 15　　　　　　　　新材料产业维度层平均权重

指标维度	权重
盈利能力	0.06552
偿债能力	0.20106
营运能力	0.10154
发展能力	0.631686

根据表 6 – 16 的分析，新材料产业企业分为三类，其中有研粉材、中洲特材、福达合金、斯瑞新材、中科三环等五家企业的 $C \geqslant 0.7$，是为第一类，该类企业属于新材料产业细分领域如新型显示材料、特种无机非金属材料，是新材料中市场应用广、受众面宽、垄断局面尚未形成的领域，企业生产的地点也有重要的影响。

表 6-16　　　　　　　　　　　新材料企业的统计监测分析

企业名	权重	企业名	权重
有研粉材	0.78175	银河磁体	0.581743
中洲特材	0.765416	中科磁业	0.570038
福达合金	0.754078	深圳新星	0.568843
斯瑞新材	0.747465	天力复合	0.564318
中科三环	0.72021	隆达股份	0.562717
屹通新材	0.673412	惠同新材	0.560627
图南股份	0.641917	合金投资	0.550251
云路股份	0.627228	金力永磁	0.524524
悦安新材	0.620065	龙磁科技	0.493146
大地熊	0.619339	安泰科技	0.465427
铂科新材	0.602782	博威合金	0.44944
正海磁材	0.596645	鑫科材料	0.300447
北矿科技	0.593499	英洛华	0.184328
宁波韵升	0.584069	华达新材	0.115479

$0.4 \leq C < 0.7$，屹通新材、图南股份、云路股份、悦安新材、大地熊、铂科新材、正海磁材、北矿科技、宁波韵升、银河磁体、中科磁业、深圳新星、天力复合、隆达股份、惠同新材、合金投资、金力永磁、龙磁科技、安泰科技、博威合金等 20 个企业是第二类，是新材料产业的主体。这 20 家新材料企业所涉及的细分领域包括稀土功能材料、先进有色金属材料、无机非金属材料等。前沿新材料企业达到 9 家，说明新材料产业较为集中，反映出经济社会市场的需求。

第三类企业的 $C < 0.4$，有鑫科材料、英洛华、华达新材等 3 家企业，这 3 家企业所在的细分领域分别是前沿材料、信息材料，在新材料产业中，企业的领域是前沿先进的，但是企业本身的盈利能力、研发能力较差。

6.3.4　结论与政策

新材料产业作为高端装备制造业、新一代信息技术产业、生物医药产业、新能源汽车产业、新能源产业、节能环保产业的原料供应商，是它们发展的基础和前提，具备重要的基础性功能，新材料产业发展的水平将决定其他战略性新兴产业发展的高度。

其一，做好新材料产业发展的顶层设计和布局。从新材料产业发展的客观规律来看，一般需要经历两个阶段，即为其他战略性新兴产业提供供应商服务的第一阶段，以及为提供经济社会大众化材料服务为主的第二阶段。所以，地方政府需要在遵循新材料产业发展规律的基础之上，动态跟进地方新材料产业发展的实际情况，制定具有针对性的法规，完善地方政府的新材料产业支持政策。

其二，提高新材料产业人才供给质量，保证新材料产业人才队伍的稳定性。一是注重新材料领域高层次人才的培养工作，从 34 所 985 高校等老牌强势材料院校引进新材料相关专业的高素养人才，充实高层次新材料人才储备。二是建立市场化新材料产业人才的培训体系，留住现有的优秀人才。相关机构需要建立健全相关的新材料人才考核制度，吸引更多的人才进入新材料产业，相应提高新材料产业的研发人员待遇，通过平衡岗位价值贡献来保证内部公平公正，明确薪酬的战略导向，向新材料产业的核心人才倾斜。

其三，引导新材料企业走差异化发展道路。首先，要引导新材料企业清晰各自的市场定位和战略定位，充分了解企业的优势和劣势，在诸多选择中选择适合本企业发展的道路。其次，帮助新材料企业实现信息平台的共享、互动，提高营运能力、盈利能力及对新材料市场的前期预测能力。最后，聚焦企业的品牌价值，抓住新材料产品推介会、新材料展览会、交流会等多种渠道进行品牌宣传，提升企业的营销能力，提升企业的业绩水平。

6.4　中国新能源汽车产业统计监测研究

6.4.1　研究现状与研究目的

由于能源的不合理使用，全球环境问题日益严峻，降低碳排放已经是全球共识，世界各国开始推动全球能源结构转型，从化石能源结构向低碳能源结构转化。因此，在低碳能源转型的背景下，以习近平同志为核心的党中央在统筹考虑国际责任担当和我国战略需求的基础上，在第75届联大上向国际社会做出了要在2030年前和2060年分别实现碳达峰、碳中和的庄严承诺。而要实现"碳达峰、碳中和"，推动新能源革命和绿色低碳转型将是重要路径之一。其实，新能源革命在推进我国社会经济长期可持续发展方面从未止步，依据我国2001年提出的"十五"规划到如今的"十四五"规划，新能源产业的政策支持经历了从"加速技术进步和机制创新"到"因地制宜，多元发展"再到"加速发展新能源产业成为新的成长方向"的变化。在汽车产业方面，作为参与碳排放的重点行业，也应该将绿色低碳理念贯彻落实到其生产发展中，因此新能源化是全球汽车发展的唯一方向，汽车新能源化发展已成为不可阻挡的发展趋势。

世界各国对汽车产生的环境污染问题越来越重视，发展新能源汽车已成为全球主要国家的共识。在国家政策的大力扶持和市场驱动双重作用下，我国新能源汽车产销量实现飞跃式发展，已成为中国汽车工业的一大亮点。根据相关数据显示，中国近5年新能源汽车产销量如图6-10所示。

根据图6-10情况可知，在2019年，汽车产销量出现下降现象，这是受到新能源补贴政策退坡的影响，2020年，中国新能源汽车在面对新冠疫情的严峻挑战下依然逆势而上，保持着10%左右的增长率，扭转了局面，而从 2021 年开始，我国新能源汽车呈现强劲趋势，产销开始实现飞速发展，均较上一年翻了一番。同时，新能源汽车产量同比与销量同比保持着同频，这说明新能源汽车的需求量与产量一致。我国新能源汽车产销发展如此之快主要得益于以下方面：一是国家政策的支持和战略推动。中国政府出台了一系列激励政策，如购置补贴等，为新能源汽车的普及和推广提供了强有力的支持；同时中国政府将新能源汽车作为国家战略之一，明确要求加快新能源汽车产业发展，为新能源汽车产业的发展提供了基础和保障。二是市场需求增长，由于人们环保意识不断增强，消费者对节能环保和低碳排放的新能源汽车的需求也逐渐增长。三是生产技术和工艺的不断进步，中国新能源汽车在电池、充电等技术方面取得重大进展，在性能和续航里程等方面的技术也逐渐成熟，达到了与传统汽车相当甚至更好的水平。四是新能源汽车产业链完整，从电池、电机、控制器等核心零部件到整车制造，中国新能源汽车已经形成了完整的产业生态圈。

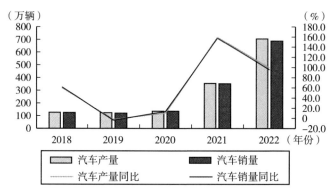

图 6-10　2018~2022 年我国新能源汽车产销情况

资料来源：国泰安数据库，经作者整理绘制。

2022 年，我国新能源汽车销售 688.7 万辆，同比增长 93.4%，占到全球销量的 61.2%。本书收集了新能源汽车销量排名前十的品牌（如图 6-11 所示），从图中可知，2022 年新能源市场排名前十企业共计销售 567.5 万辆新能源汽车，市场份额占比高达 82.4%，高出上年 5.9 个百分点，除特斯拉为外企外，其余九家品牌均为国内品牌。其中，比亚迪销量遥居榜首，全年累计销量超过 180 万辆，同比增长 207.2%，占 27% 的市场份额。上汽汽车新能源汽车销量仅次于比亚迪，位居第二，销量同比增长 45.5%，所占市场份额为 15.4%。

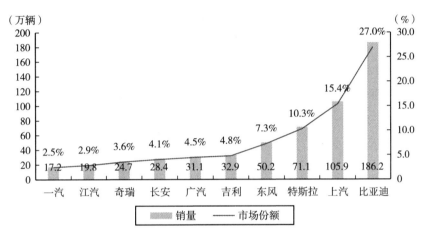

图 6-11　2022 年中国新能源汽车产业销量排名前十企业

资料来源：国泰安数据库，经作者整理绘制。

在这样的背景下，国内外新能源汽车销量一直保持强劲的增长态势，比亚迪公司在面对国内、国外双重夹击因素的影响下，要持续保持全球领先地位，除了提高汽车质量、完善自身产品营销策略、提升自身品牌形象来满足消费者需求外，完善比亚迪公司内部的财务绩效，也是比亚迪公司在行业中保持核心竞争力的重要抓手之一。

本书的研究目的：我国未来汽车产业要实现长久发展的必由之路是汽车新能源化，良好的财务绩效是保障新能源汽车产业可持续发展的基本条件之一，对新能源汽车产业的绩效测度是本书的重要目的之一。根据查阅的大量国内外文献，研究上市新能源汽车产业财务绩效的相关资料有限。本书通过对新能源汽车同产业的对比分析，所得的部分结论对我国新能源汽车产业具有一定的借鉴作用，不仅有利于企业管理者了解企业的财务绩效情况，有利于投资者更加全面地了解产业的财务状况，还有利于国家掌握新能源汽车产业发展总体情况。

通过分析比亚迪公司的财务绩效，可以发现比亚迪公司在日常经营发展过程中的优势和不足，同时还能够分辨比亚迪公司目前存在哪些潜在的发展机遇和面临哪些不利风险，帮助比亚迪管理者精准把握公司在财务状况、经营战略等方面存在的问题，使比亚迪更好地完成战略部署、提高市场竞争力、不断提升比亚迪公司的经营业绩，获得长远的发展。发展新能源汽车是全球共识，新能源汽车产业也是我国重点发展的战略性新兴产业之一，也是助力中国实现"双碳"目标的重要举措。选取比亚迪公司作为研究对象，可以发现新能源汽车产业发展的基本竞争态势，为我国新能源汽车产业的发展指明方向。

6.4.2 研究设计

由于衡量新能源汽车产业的指标体系层次丰富，这两者的内在关系衡量是一个系统工程，并且各地区新能源汽车产业发展水平存在异质性，各学者选取的指标有一定的差异。

本书在借鉴前人研究的基础上，结合研究的目标和方向，确定了盈利、偿债、营运、发展四个维度，对统一大市场下新能源汽车产业的企业绩效进行分析，以 2009～2019 年新能源汽车产业 TOP 公司总资产周转率、存货周转率等 10 个指标作为研究对象构建了监测指标体系。本书使用的方法是熵权 TOPSIS 方法（见表 6 – 17）。

表 6 – 17　　　　　　　新能源汽车产业的绩效监测指标体系

维度	指标	指标公式	性质
盈利能力	总资产报酬率	净利润/总资产	正向
	主营业务利润率	主营业务利润/营业收入	正向

维度	指标	指标公式	性质
偿债能力	资产负债率	负债总额/资产总额	正向
	流动比率	流动资产/流动负债	正向
	速动比率	速动资产/流动负债	正向
营运能力	存货周转率	销货成本/平均存货余额	正向
	总资产周转率	营业收入净额/平均资产总额	正向
发展能力	主营营业收入增长率	(本期主营业务收入－上期主营业务收入)/上期主营业务收入	适度
	净利润增长率	(当期净利润－上期净利润)÷上期净利润	适度
	总资产增长率	(本期总资产－上期总资产)/上期总资产	适度

6.4.3　结果分析

研究数据在处理的过程均是运用 MATLAB 软件编写熵权法代码，经过运算得出 13 家上市汽车公司五年的指标权重值，具体权重值如表 6－18 所示。

表 6－18　　　　　　　　2018～2022 年各评价维度的权重值

评价维度	2018 年	2019 年	2020 年	2021 年	2022 年	平均权重值
盈利能力	0.3743	0.2047	0.3728	0.6315	0.3542	0.38750
偿债能力	0.0896	0.0067	0.0623	0.0280	0.0166	0.04064
营运能力	0.0304	0.0163	0.0220	0.0149	0.0158	0.01988
发展能力	0.5057	0.7723	0.5428	0.3255	0.6135	0.55196

从表 6－18 中可以看出，2018～2022 年四个评价维度中发展能力的平均权重值相对于其他维度值来说是最大的，这说明对上市汽车公司的财务绩效贡献度最大的是发展能力，贡献度排名第二的是盈利能力，偿债能力对财务绩效的影响程度次之，其平均权重值排在第三

位，而对财务绩效贡献度最小的是营运能力。综上，各评价维度所占权重大小为：发展能力 > 盈利能力 > 偿债能力 > 营运能力，且盈利能力和发展能力两维度平均权重远高于偿债能力和营运能力，两者平均权重之和高达93%以上，这说明上市汽车公司要特别加强对企业盈利能力和发展能力的关注。

从图6-12中2018~2022年各维度权重的变化趋势来看，整体而言，13家上市公司的发展能力和盈利能力权重且呈现上升趋势，说明发展能力和盈利能力在上市汽车公司的持续发展过程中占据的地位越来越重要，对财务绩效的影响也日趋增强。在2019年，发展能力权重骤升而盈利能力权重出现较大幅下降，这是因为2019年为国家新能源汽车市场补贴降幅最大的一年，导致汽车制造业特别是生产新能源汽车的公司销量未达预期，汽车制造行业利润下滑严重，而汽车制造公司在技术研发上的投入却一直是有增无减，从而导致发展能力权重上升而盈利能力权重下降的局面。在2021年，发展能力权重下降幅度高达20%，这主要是由于净利润增长率权重下降导致的。偿债能力和营运能力权重值占比虽然非常低，但依然可以看出近五年权重值整体呈下降的趋势，这表明偿债能力和营运能力对上市汽车公司的财务绩效的贡献度在逐渐减少（见表6-19）。

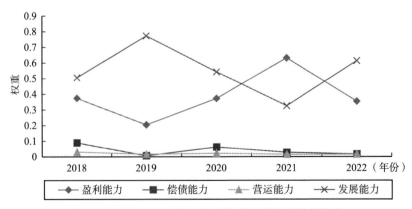

图6-12 2018~2022年各评价维度的权重趋势变化

表 6–19　　　　　　　　　2018～2022 年各评价指标权重

维度	指标	2018 年	2019 年	2020 年	2021 年	2022 年	平均值
盈利能力	总资产报酬率	0.1696	0.1100	0.1477	0.1907	0.1500	0.15360
	主营业务利润率	0.2047	0.0947	0.2251	0.4408	0.2042	0.23390
偿债能力	资产负债率	0.0411	0.0018	0.0266	0.0117	0.0061	0.01746
	流动比率	0.0459	0.0020	0.0302	0.0141	0.0080	0.02004
	速动比率	0.0026	0.0029	0.0055	0.0022	0.0025	0.00314
营运能力	存货周转率	0.0171	0.0085	0.0122	0.0094	0.0115	0.01174
	总资产周转率	0.0133	0.0078	0.0098	0.0055	0.0043	0.00814
发展能力	主营营业收入增长率	0.2207	0.1514	0.2131	0.2178	0.2974	0.22008
	净利润增长率	0.1929	0.5744	0.2312	0.0640	0.2691	0.26632
	总资产增长率	0.0921	0.0465	0.0985	0.0437	0.0470	0.06556

注：作者根据国泰安数据库整理得。

从单个二级指标权重系数来看，2018～2022 年平均权重值由大到小的排名依次为：净利润增长率权重最大，主营业务利润率次之，主营营业收入增长率再次之，权重最小的指标为速动比率；其中净利润增长率、主营业务利润率和主营营业收入增长率所占权重在近 5 年基本都位列前三，且三者的权重之和均在 60% 以上，总资产报酬率评价权重位列第四。这说明对于上市汽车公司而言，可以通过提高公司的销售收入、增加净利润水平、优化资产配置，降低成本、加强资本管理等方式来提高公司的财务绩效。

从盈利能力来看，除 2019 年外，盈利能力选取的二级评价指标总资产报酬率和主营业务利润率所占权重之和均高于 35%，这表示上市汽车公司的盈利能力对财务绩效的影响力较大，公司需着力提高盈利能力。盈利能力指标排序为主营业务利润率所占权重大于总资产报酬率所占权重。这说明对于上市汽车公司而言，提高主营业务的盈利能力比提高资产运营效率更能改善公司的盈利水平。

从偿债能力来看，除 2019 年外，其余四个年份中偿债能力指标排序均为流动比率所占权重高于速动比率所占权重，继而又高于资产负债率所占权重。速动比率和流动比率常被用来衡量企业的短期偿债能力，而资产负债率更多地被用于衡量企业的长期负债能力。这说明上市汽车公司要改善偿债能力，提高短期偿债能力比提高长期偿债能力效果更佳。

从营运能力来看，近 5 年中影响营运能力的指标所占权重虽然低且差距不大，但其大小排序均为存货周转率所占权重大于总资产周转率所占权重。因此，对于上市汽车公司而言，通过优化存货积压、提高存货周转速度更能改善公司的营运水平。

从发展能力来看，近 5 年中影响发展能力水平的主要因素是主营营业收入增长率和净利润增长率，除 2021 年外，其余四年二者所占权重之和均超过 40%，甚至在 2019 年超过 70%。因此，对于上市汽车公司而言，提高主营业务的销售收入、降低成本、提高净利率能够极大地提升公司的发展能力，提升公司的发展潜力。

从表 6 - 20 及折线图 6 - 13 可知，2019 年为各上市汽车公司综合绩效排名波动最大的一年，其主要原因是受国家补贴政策退坡的影响。上汽集团、长城、吉利和蔚来四家汽车公司在 2018 ~ 2022 年的综合绩效评价结果相对来说波动性较小，其中长城和吉利两家汽车公司的综合评价数值一直稳定在中上游，这说明长城和吉利汽车公司综合财务绩效状况一直较为乐观，在行业中具有较强的核心竞争力。蔚来公司在这 5 年中的综合财务绩效综合排名处于弱势地位。

表 6 - 20　　2018 ~ 2022 年 13 家上市汽车公司财务绩效综合评价结果

公司	2018 年	2019 年	2020 年	2021 年	2022 年
比亚迪	0.5087	0.4916	0.6276	0.5338	0.6363
上汽	0.5197	0.4989	0.6270	0.6077	0.6131
长城	0.5157	0.4999	0.6294	0.6219	0.6248

续表

公司	2018 年	2019 年	2020 年	2021 年	2022 年
北汽	0.4808	0.5178	0.3755	0.4274	0.4312
广汽	0.5274	0.4984	0.6286	0.62435	0.62571
蔚来	0.2431	0.2937	0.4737	0.4679	0.4398
理想	0.5597	0.3071	0.945	0.5317	0.7943
小鹏	0.4602	0.5082	0.6229	0.2818	0.4551
丰田	0.5097	0.6265	0.6291	0.6274	0.619
吉利	0.5395	0.5077	0.6279	0.5622	0.6174
东风	0.6116	0.492	0.627	0.5241	0.5995
长安	0.4938	0.4341	0.6282	0.5986	0.6246
江淮	0.3974	0.5133	0.6252	0.4145	0.3498

注：作者根据相关数据整理。

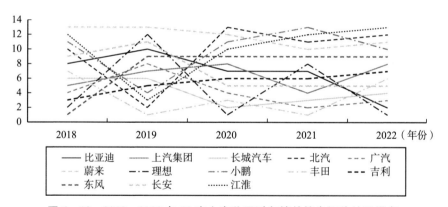

图 6 – 13　2018～2022 年 13 家上市公司财务绩效综合评价结果排名

比亚迪、北汽、理想、小鹏、东风和江淮汽车的综合评价结果在 2018～2022 年中均存在一定的波动。具体波动情况如下：北汽、小鹏和江淮三家汽车公司的财务绩效综合评价排名均徘徊在第十名以外，但却在 2019 年跃升到前四名。根据附录中 2019 年 13 家上市公司各维度下的相对贴进度排名可知，小鹏和北汽的偿债能力排名分别位列第一和第二名，发展能力排名位列第二和第三名。而江淮汽车则是营运能力排名位列第一，发展能力排名位列第四。根据前面分析，偿债能力所占权重比率过小，对整体综合财务绩效评价结果的影响较弱，因此小鹏、北汽、江淮三家汽车公司相对贴进度排名靠前主要得益于发展能力水平高。2019 年为新能源汽车市场环境非常严峻的一年，也是国家补贴政策退坡最为严重的一年，大部分汽车企业均受到严重的挫伤，主营营业收入增长率和利润增长率同比均下跌，而北汽、小鹏和江淮却呈现小幅度的上升。究其原因，北汽集团在艰难时期选择了正确的营销策略和金融策略，北汽凭借多年在汽车市场上的稳固地位，加上对产品的创新、对市场的细分，其所销售的车型既能满足低端客户需求，又能迎合高端客户需求，同时北汽在网约车领域也取得了实质性的合资突破，因此北汽的销量位居全国第一。小鹏汽车作为汽车界的"后起之秀"，在新能源汽车市场持续低迷的情况下，小鹏凭借扎实可靠的产品 G3 车型、领先行业的智能化和完善便利的服务，组成拉动小鹏汽车销量在逆势中增长的三驾马车，助力小鹏在新能源寒冬中破局突围。江淮汽车也是得益于对产品结构的快速调整，严格管控成本费用，加上其职工用地被政府征收的补偿金，使得江淮汽车的净利润率大幅上涨，首次实现扭亏转盈。

理想汽车的财务绩效综合排名有两次大幅度的波动，分别是由 2018 年的第 2 名下降到 2019 年的第 12 名，2020 年的第 1 名下降到 2021 年的第 8 名。根据附录中各年各维度下相对贴进度的排名可知，两次下降均是受到发展能力的影响。除了国家补贴政策下跌外，理想汽车注册资本大幅缩水，技术与供应的短板也是其净利润下滑的主要原因。

比亚迪集团在 2022 年的相对贴进度排名实现了大幅度的提升，排名 2/13，成为汽车行业中标杆企业。从附录中对比 2022 年 13 家上市汽车公司在各维度下的相对贴进度排名可知，盈利能力和发展能力排名均为 2/13，营运能力排名为 4/13，偿债能力为 13/13。由此可知盈利能力和发展能力的大幅上升是比亚迪集团整体相对贴进度提升的最主要因素，营运能力为次要因素，偿债能力为最小影响因素。根据调查发现，比亚迪财务绩效排名大幅提升的主要贡献来源于主营业务新能源乘用车的销量及利润释放。2022 年比亚迪集团拥有了多项核心技术，形成了纵向一体化供应链，在产品规模上和产品结构上的优化调整，使得新能源汽车销量实现强劲增长，勇夺全球新能源汽车销量第一，新能源汽车销量同比增长近 10 个百分点，市场占有率高达 27%；营业收入 4241 亿元，同比增长 96.2%，净利润同比增长446%。而这些营业收入中，23.3% 来自手机部件、组织及其他产品；76.57% 来自汽车、汽车相关产品及其他产品，汽车产品类收入占比59.66%，较去年提高了近 20 个百分点；由此推动主营业务增长率和净利润增长率同比暴增 4 倍，大大提高了比亚迪集团的财务绩效水平。在盈利能力上，虽然营业成本由于原材料价格上升等原因上涨，但收入增长的幅度大于成本的增长幅度，因此比亚迪集团的主营业务利润率保持增长态势，主营业务盈利能力提高。2022 年比亚迪集团的资产增长率为 66.89%，资产结构也与主营业务收入比例，营收账款占比、存货占比保持在合理范围内，再加上净利润的迅猛增加，充分说明比亚迪的发展能力较强，在未来具有很好的发展潜力。

同理，根据上述计算方法可得 13 家上市汽车公司在 2018～2022年四个维度下的相对贴进度，并根据相对贴进度值的高低进行排序，此处不再赘述计算过程。表 6－21 为 4 个维度下，13 家上市公司的平均相对贴进度均值及排名情况。

表 6－21　　2018～2022 年 13 家上市公司各维度平均水平分析

序号	公司名称	盈利能力	偿债能力	营运能力	发展能力
1	比亚迪	0.928262	0.157543	0.360895	0.360895
2	上汽	0.933339	0.22714	0.586762	0.586762

序号	公司名称	盈利能力	偿债能力	营运能力	发展能力
3	长城	0.947267	0.25544	0.591343	0.591343
4	北汽	0.516377	0.303473	0.316016	0.316016
5	广汽	0.965431	0.327458	0.367978	0.367978
6	蔚来	0.240752	0.269369	0.408336	0.408336
7	理想	0.64401	0.675657	0.309586	0.309586
8	小鹏	0.472981	0.724633	0.230159	0.230159
9	丰田	0.946622	0.205265	0.322339	0.322339
10	吉利	0.96162	0.198475	0.824913	0.824913
11	东风	0.8919	0.336089	0.337916	0.337916
12	长安	0.929572	0.239468	0.64758	0.64758
13	江淮	0.841856	0.171918	0.817083	0.817083

注：作者根据相关数据整理得。

由表 6-21 可知，吉利汽车在盈利能力、营运能力和发展能力的相对贴进度排名均位列前三，表现优秀；而北汽、小鹏和理想在盈利能力、营运能力和发展能力的相对贴进度排名均落后。

比亚迪集团在 2018～2022 年的盈利能力、营运能力和发展能力的相对贴进度排名接近中等水平，而偿债能力排名为倒数第一名。根据分析主要存在以下原因：其一是费用支出大。在研发支出方面，自 2018 年以来，比亚迪在研发费用方面投入巨大，由此导致综合毛利率和净利率特别低；在薪酬支出方面，比亚迪员工数由 2018 年的 22 万人上升到 2022 年的 57 万人，员工薪酬的增长影响着公司的利润率；在资本支出方面，比亚迪在动力电池、轨交方面投入较大，且随着比亚迪集团规模的扩大，资产减值一直处在历史高位，大大缩减了利润空间。其二是核心业务不够突出。虽然汽车及相关产品是比亚迪关键业务的主要组成部分，但其除了新能源汽车外，还有传统燃油汽车、手机、二次充电电池、光伏等业务，行业跨度大，资源相对分散。直到 2022 年比亚迪才停止燃油汽车生产。其三是对政府补助的过度依赖，在过去几年，比亚迪的主要利润来源于政府补助，得益于政府补助，比亚迪的新能源汽车销量稳居全球前列，而补贴政策的退坡，对比亚迪产生了较大的冲击。

根据表 6 - 22 对新能源汽车企业的统计监测分析，新能源汽车产业分为两类，理想、比亚迪、广汽、长城、长安、丰田、吉利、上汽等 8 家新能源汽车的 $C \geqslant 0.6$，属于第一类企业，该类企业属于新能源汽车产业的翘楚，该类企业在产品设计上能紧扣市场，在产品研发上有一定的投入，在新冠疫情车辆销售的艰难时期选择了正确的营销策略和金融策略，同时能对产品结构进行快速调整，严格管控成本费用，在企业的净利润率方面实现了扭亏转盈。

表 6 - 22　　　　　　　　　新能源汽车企业的统计监测分析

企业名	权重
理想	0.794263
比亚迪	0.6363
广汽	0.62571
长城	0.624833
长安	0.624559
丰田	0.618978
吉利	0.617373
上汽	0.613184
东风	0.599455
小鹏	0.455147
蔚来	0.439808
北汽	0.431218
江淮	0.349783

注：作者根据相对数据整理得。

东风、小鹏、蔚来、北汽、江淮等5家新能源汽车企业的 $C <$ 0.6，是新能源汽车第二类企业。该类企业在产品设计、产品研发上的投入有限，在新能源汽车行情见好的时候，有一定的市场份额和顾客群体，但是当新能源汽车销售市场低迷时，营销策略不奏效，融资成本大，导致企业的净利润率渐渐为负，相对第一类企业，较难实现扭亏。

6.4.4　结论与政策

针对上述两类新能源汽车企业存在的不同问题，本书提出以下对策建议。

其一，优化资本结构，对企业债务进行合理规划。鉴于本研究的分析，从目前的情况来看，新能源汽车当前处于爆发式增长阶段，新能源汽车销量、营业收入快速增长，规模迅速扩张，但对于第一类企业而言，实际增长率远高于可持续增长率，不管是短期负债压力还是长期负债压力均较往年上升，一旦这种爆发式增长期过去或者陷入经营的瓶颈期，比亚迪对资金的需求量和面临的债务风险也将大大增加。因此，面对财务风险的上升，新能源汽车企业必须密切关注债务情况，通过加大负债端的优化力度、延长债务期限、协商降低利率等方式减少债务成本，优化企业资产负债结构，提升长期债务占比。比如，新能源汽车企业可以适当增加长期借款、企业债券等融资项目的金额和占比，适当控制短期借款规模。同时加强资产的管理，提高资产流动性和盈利能力，以应对债务偿付风险。新能源汽车企业还要注重现金管理，合理规划现金流量，可以采取策略性融资措施，注重与银行等金融机构建立良好的合作关系，积极探索多元化的融资渠道，降低融资成本，提高融资效率，扩大资本规模，以此来提高新能源汽车企业的现金流能力和债务偿付能力，保证公司的资本结构处在良好状态，从而减轻新能源汽车企业的资金压力，确保新能源汽车企业能够长久可持续发展下去。

其二，优化供应链管理，降本增效提利润。第一，在继续保持当前经营利润结构的同时，专注于自身的核心业务，实现企业内部管理的降本增效，用更好的管理能力来为企业盈利赋能，从而提高利润率；对不必要的费用进行压降，减少闲置资产和管理占用资金，为企业盈利创造更大的空间，选择综合成本更低的渠道进行营销资金的投放，从而增加有效收益。第二，新能源汽车企业需要积极进行新产品和新业务的研发，增加产品附加值，用产品创新打造企业的护城河，整合上下游资源，努力降低上游原材料成本，开拓下游市场需求，提升整体盈利能力。在供应链成本管理方面，由于疫情的暴发导致全球物流混乱使得原材料和零部件的供应受到严重影响。新能源汽车企业对供应链的稳定和高效运作依赖度很高，若供应链出现问题，新能源汽车企业的生产经营将受到严重影响，从而导致公司经营异常。因此新能源汽车企业需要建立更加完备的供应链管理系统，实现库存的实时监控和管理。通过建立供应商评估和管理体系来实行对供应商的质量管控，确保产品的质量和服务。同时建立供应商价格管理体系，对原材料和零部件的价格进行合理管控，降低成本。最后是优化物流管理体系，建立更加完善的物流管理系统，在提高物流的效率的同时降低物流成本。通过以上方式实现供应链资源的优化，降低供应链成本，从而提高新能源汽车企业的盈利水平。

其三，线上线下多维度打造立体营销网络，提高市场应变能力。面对库存周转压力，新能源汽车企业需要持续推进营销创新。新能源汽车企业可以打造在线商城，该商城可以提供全面的产品信息、价格透明度和简化的购物流程，消费者可以方便地浏览和购买新能源汽车企业的产品。同时，新能源汽车企业可以与电商平台合作，将产品放在京东、淘宝等电商网站销售。新能源汽车企业需要利用数据分析和预测技术来更好地了解市场需求和产品趋势，通过对历史销售数据的分析，预测未来的需求，并根据需求调整生产计划和库存管理策略，以确保存货周转率与市场需求保持一致。新能源汽车企业也可以结合线上和线下渠道进行促销和营销，提高产品的知名度和吸引力。可以在线上平台推出限时优惠和促销活动，同时在线下门店提供试驾和体验活动，以便消费者更好地体验公司的产品。此外，新能源汽车产业作为一项战略性新兴产业，其市场竞争的激烈程度不言而喻，即使新能源汽车企业目前处于行业领先地位，但随着国内外竞争对手的逐渐增加及现有竞争对手实力不断增强，新能源汽车企业要持续保持自身优势难度可想而知。鉴于上文的分析，新能源汽车企业对市场环境变化的应变能力存在缺陷，这很可能使新能源汽车企业被竞争对手超越，从而丢失市场份额，陷于不利局面。因此，新能源汽车企业提高对市场环境的关注度，完善市场环境监控体系，确保在市场环境发生变化时及时反应并作出分析，然后给出调整企业经营的战略，尽可能地降低市场环境变化对新能源汽车企业产生的不利影响。

其四，加强产品研发创新，打造持续增长力。新能源汽车产业是一个科技驱动的产业，新能源汽车企业应该继续加强技术研发，特别是在电动汽车和高效新能源领域投入更多资源和人才，不断推动技术创新，提升产品的性能、效率和可靠性。新能源汽车企业需要将重点放在可持续发展技术上，如太阳能、储能系统和高效电机等。这些技术有助于降低能源消耗和环境污染，并提供更清洁、高效的新能源汽车解决方案。通过在这些领域的深入研究和开发，新能源汽车企业可以保持在新能源市场的竞争优势。除了技术创新外，新能源汽车企业也应注重产品设计创新，通过更符合市场需求的外观设计、舒适的内部空间和先进的用户界面设计，来吸引更多的消费者并打造品牌形象，提升用户体验。从研发方式来看，新能源汽车企业可以积极建立与其他汽车制造商、技术公司和供应商的合作伙伴关系，通过与行业内领先企业的合作，新能源汽车企业可以共享资源、知识和技术，加速产品研发和创新的进程。随着人工智能和互联网的不断发展，智能化已成为汽车行业的趋势。新能源汽车企业需要在其产品中融入更多智能化技术，如自动驾驶功能、智能交通系统和车联网等，以提升产品的竞争力和吸引力，最终提升企业的长期持续发展能力。

6.5　中国新能源产业统计监测研究

6.5.1　研究现状与研究目的

1. 研究现状

20世纪初期，随着石油资源的日益枯竭及环境问题的日益严重，各国政府开始关注新能源产业的发展。进入21世纪后，新能源产业得到了更广泛的关注和投资，成为全球能源转型的重要方向。

在新能源汽车领域，国外的研究和发展尤为突出。美国是最早研究新能源汽车的国家之一，早在20世纪70年代就已经开始研究电动汽车和混合动力汽车。欧洲和日本也紧随其后，投入大量资金和人力资源进行新能源汽车的研究和开发。这些国家的研究重点主要集中在电池技术、电机技术、充电设施等方面，力求实现新能源汽车的高效、环保、安全和经济性。

在新能源领域，除了新能源汽车外，太阳能、风能等可再生能源也得到了广泛的研究和应用。国外的研究机构和企业不断推出新的技术和产品，提高可再生能源的发电效率和稳定性，降低其成本，从而推动其在全球范围内的应用和推广。

总的来说，国外在新能源产业的研究和发展方面积累了丰富的经验和技术，为全球能源转型和可持续发展作出了重要贡献。同时，国外的研究和发展也为其他国家提供了重要的参考和借鉴。

2020年我国首次提出"双碳"目标，即2030年前实现"碳达峰"，2060年实现"碳中和"，在此背景下，新能源产业的可持续发展是实现"双碳"目标的重要基础。新能源能够发挥优化能源结构、减排温室气体及推进战略性新兴产业发展的作用。因此，研究新能源产业在双碳背景下的财务绩效，对于促进碳达峰和碳中和，优化我国产业、能源、电力系统的转型升级具有重要意义。当前，我国社会经济发展面临环境变化复杂，世界经贸环境存在一定的不确定性，国内经济循环存在诸多问题，伴随一定的风险隐患。这些挑战要求新能源产业在双碳背景下进行更加深入的研究，以寻找新的发展机遇和应对策略。

近年来，全球的能源问题日益明显，我国也面临着能源方面的难题。在2020年我国颁布双碳政策后，更加受到新能源产业学者的关注，不少学者对于新能源产业进行了研究，使这个领域进入了新的发展阶段。

郑文婷（2023）认为，从宏观层面看，对新能源行业进行财务绩效研究，对我国政府制定相关政策、进一步促进绿色低碳技术创新、引导新能源投融资等方面有重要作用。从微观层面看，通过对样本公司及其行业的财务指标进行分析，总结出企业运营中存在的问题，并提出相应的对策及建议，能为同行业发展提供借鉴意义；贺刚、李磊（2024）认为政府虽然出台了一系列鼓励新能源产业发展的政策，但是新能源产业的创新能力仍然对补贴依赖程度很大，并不能很好地达到国家双碳政策所希望达到的目标，他们提出这需要建立由市场主导、政府扶持、其他机制相互配合的多元化创新机制，促进新能源产业创新的关键在于激发企业的自主研发性，最终能更好地响应双碳政策；何芳（2023）认为在能源短缺大背景下，低碳经济的优势十分明显，其能够推动现代经济社会高质量发展。而且与传统能源相比，新能源分布区域较为广泛，这比较符合低碳经济发展的要求。在低碳经济背景下，应当积极创新技术，激发新能源产业发展的内在潜力；张志璇（2023）提出政府补贴对于新能源产业的经营绩效具有一定的正向的激励作用，政府应当给予一定的补贴。与此同时，政府也要完善监管机制，建立监管平台进行全方位的监控，并对于骗取政府补贴的企业制定相应的惩罚措施，使政府充分发挥其调节作用，促进新能源产业的发展。

从总体来看，在"双碳"背景下，虽然新能源产业引起了各界的关注，认识到了新能源产业发展的重要性，也有不少学者对新能源产业进行了专业的研究，并取得了众多成果，但是目前还没有相关文章对"双碳"背景下新能源产业财务绩效进行研究。本书根据产业的不同特点将新能源产业分类，分别匹配适合其的发展模式，为新能源产业的成长和发展提供一定的理论支撑。

2. 研究目的

新能源产业的特点是比传统的能源具有更为广阔的发展空间和潜力。如今，世界各国都十分重视新能源技术的发展，随着技术的不断创新和成本的不断降低，新能源将更加普及和可持续。并且在2020 年 9 月，我国正式提出"双碳"目标，在这一政策背景下，我们就要把重心放在促进新能源产业的发展研究上，从而推动新能源产业的发展，最后更好地达成"双碳"目标。为此，本书选取121 家新能源上市公司的数据，运用科学的方法对其财务绩效进行研究、分析。并且将新能源产业按照发展模式进行分类，进而总结出相关结论，并提出促进新能源产业发展的相关建议，将其作为科学的理论和政策制定的参考依据以期对新能源产业发展和转型进行精确把控和充分利用。

6.5.2　研究方法及路径分析

1. 指标体系构建依据

由于不同公司的治理模式、管理制度、所处生命周期等方面都存在差异，所以其财务绩效水平也有所不同。而评价公司财务绩效的指标有多个维度且每个维度的指标也有多种，因此在综合评价指标的选取过程中，一般原则是选取"广"而"精"的评价指标。但不同学者在研究不同公司的财务绩效时所选取的评价指标也存在一些差异。

对财务绩效方面的研究，国内学者杨滢滢（2023）基于ESG理念建立食品企业财务绩效评价体系，所选取的评价指标为环保投资水平、节能减排设备安装率、污水集中处理设备、重点排污项目、环保处罚情况等；毛然（2023）则是选取了总资产增长率、净资产收益率、流动比率、应收账款周转率等指标，从而来评价顺丰公司的财务绩效；张嘉怡（2023）选取了四个维度的指标来评价财务绩效，选取的指标有流动比率、资产负债率、应收账款周转率、营业利润率、总资产净利率、净资产增长率等；王文静（2023）基于熵权TOPSIS法对财务绩效进行评价，选取的指标有总资产回报率、净资产回报率、总资产周转率、应收账款周转率、现金流动负债比率、资本保值增值率等；安静（2023）基于利益相关者视角对宇通客车财务绩效进行评价，研究选取供应商、企业股东、债权人、社会、员工、政府、客户等七个方面构建评价指标体系，从而客观全面反映公司财务绩效情况；庄雨奇（2023）选取了四个维度共14个财务指标，其中包括反映偿债能力的资产负债率、反映营运能力的应收账款周转率、描述盈利能力的净资产收益率、描述成长能力的净利润增长率等，从而来评价光伏公司财务绩效状况；赵远芳（2023）基于EVA模型评价长安汽车公司财务绩效，其EVA财务指标有税后净营业利润、资本总额和加权平均资本成本；王哲（2023）采用改进后的杜邦分析法来评价公司财务绩效，其财务指标主要包括可持续增长率、股利支付率、留存收益率、权益净利率等；葛雪梅（2023）建立了财务绩效评价体系，其选取的财务指标有总资产报酬率、销售净利率、资产负债率、流动比率、应收账款周转率、存货周转率。通过这些指标来描述公司的财务绩效情况。

本书以国内相关文献为参考，对比不同学者选取的财务绩效评价指标，基于熵权 TOPSIS 法构建财务绩效评价体系并在选取财务指标时严格遵循评价指标覆盖维度广、评价指标具有可行性、评价指标富有敏感性等基本原则。通过对各因素全面考虑，本研究对新能源行业财务绩效的评价以 121 家企业为样本，在偿债能力、盈利能力、营运能力和发展能力四个方面选取了 11 个常用的财务指标，构建我国 121 家新能源企业的财务绩效评价指标体系（如表 6 - 23 所示）。

表 6 - 23　　　　　　　　新能源产业的企业业绩评价指标体系

维度	指标	性质
盈利能力	净资产收益率 X_1	正向
	营业收入利润率 X_2	正向
	总资产报酬率 X_3	正向
营运能力	总资产周转率 X_4	正向
	应收账款周转率 X_5	正向
	存货周转率 X_6	正向
偿债能力	资产负债率 X_7	逆向
	现金流动负债率 X_8	适度
	速动比率 X_9	适度
发展能力	营业总收入增长率 X_{10}	适度
	利润总额增长率 X_{11}	正向

2. 研 究 思 路

根据研究背景、目的和新能源产业的研究现状，本书的研究思路如下。

首先，以 2016 ~ 2022 年全国 121 家新能源上市公司为研究对象，在财务绩效的四个维度即营运能力、盈利能力、偿债能力、发展能力中，结合数据收集的可行性分析之后，选出了净资产收益率、应收账款周转率、总资产周转率、存货周转率等11个指标，以此为基础完成对新能源产业的综合财务绩效水平评价指标体系的构建；其次，根据上市公司公布的年报进行数据的收集和整理，并且用熵值法计算分析得出各个指标影响目标层的权重；再结合协调系数分析法和TOP-SIS评价模型进行综合分析评价，得出结果；最后，根据结果对企业进行等级分类及总结，结合新能源产业发展模式分析，得出不同类型的新能源企业分别适合采用的新能源产业发展模式及选择该发展模式的原因，并且以此为基准提出相关的建议。总体来看，新能源产业发展有以下四种模式。

（1）垂直整合发展模式。

新能源产业的垂直整合发展模式是指在新能源产业链上，企业通过收购、合并、内部开发和合作等方式，整合不同环节的产业链，实现从上游原材料开发、中游生产制造到下游销售服务的全产业链整合，以提高产业链的协同效率、降低成本、提高竞争力，并实现产业链的高附加值发展。具体来说，新能源产业的垂直整合发展模式包括以下几个方面。

上游环节整合：涉及新能源原材料的开发和采购，企业可以通过控股或合资的方式进入原材料开采行业，或通过长期合作方式确保原材料供应的稳定性和优质性，以降低生产成本和提高生产效率。

中游环节整合：涉及生产制造阶段，企业可以整合生产制造环节，提高生产效率和产品质量，降低生产成本。同时，通过技术创新、工艺改进等措施，提升产品的附加值和市场竞争力。

下游环节整合：涉及产品销售和服务阶段，企业可以通过建立自有销售渠道、加强与渠道商合作、发展售后服务等方式，实现对产品下游环节的整合，提高市场占有率和客户满意度。

产业链延伸整合：除了垂直整合外，企业还可以考虑产业链的横向延伸和跨界整合，通过与相关产业的合作或收购，拓展产业链条，实现资源共享、技术协同，提升企业综合实力和市场竞争力。

总的来说，新能源产业的垂直整合发展模式旨在实现资源优化配置、产业链协同发展，提高企业综合竞争力和持续发展能力，推动整个新能源产业的健康、稳定和可持续发展。

（2）跨界融合发展模式。

新能源产业跨界融合发展模式是指不同领域的新能源产业之间及新能源产业与传统产业之间进行融合，形成新的产业链条和价值链条。这种发展模式可以促进新能源产业的创新发展，推动产业结构升级，提高资源利用效率，推动经济转型升级。一些常见的新能源产业跨界融合发展模式包括：

新能源与信息技术的融合：通过智能化技术，提高新能源设备的效率和管理水平，实现低成本高效能的运行。

新能源与互联网的融合：通过互联网技术，实现对新能源设备的远程监控和管理，优化能源利用效率。

新能源与新材料的融合：开发新型材料，提高新能源设备的性能和寿命，降低生产成本。

新能源与交通运输的融合：推动新能源汽车、充电桩等产业的发展，加快交通领域的绿色转型。

新能源与建筑领域的融合：将新能源设备应用于建筑物能源系统中，实现建筑节能环保。

通过跨界融合发展模式，不同领域之间的优势可以互补，带动新能源产业的创新与发展，推动全球绿色可持续发展的进程。

（3）技术授权孵化模式。

新能源产业技术授权孵化模式是一种将先进的新能源技术授权给其他公司或机构，并通过孵化和培育的方式帮助其快速发展和应用的模式。具体来说，这种模式通常包括以下几个步骤。

技术授权：新能源技术持有公司将自己研发的先进技术进行授

权,允许其他公司或机构使用这些技术来开展相关业务。

孵化支持:技术授权方通常会提供孵化支持,包括技术指导、培训、市场推广等,帮助被授权方快速掌握技术,并在市场上建立竞争力。

资源整合:在孵化过程中,技术授权方可能会提供资源支持,如资金、人才、设备等,以帮助被授权方在新能源产业中获得成功。

共享成果:一旦被授权方取得成功,双方可以共享成果,包括技术转让费用、市场份额等。

通过新能源产业技术授权孵化模式,可以有效促进新能源技术的快速推广和商业化,加快新能源产业的发展步伐,同时也能够帮助创业团队或企业降低技术研发成本、减少市场风险,提高商业成功率。这种模式有利于技术创新和产业升级,对推动新能源产业的发展具有重要意义。

(4) 国际先进技术溢出模式。

新能源产业国际先进技术溢出模式是指先进国家在新能源领域取得的技术和经验向其他国家传播和推广的过程。这种技术溢出模式通常包括以下几个方面。

技术转移:先进国家的新能源企业通过技术许可、合作开发等方式向其他国家的企业转移先进技术,帮助其提升生产能力和竞争力。

人才培训:先进国家的新能源领域专家和技术人才通过培训、交流等方式向其他国家的人才传授技术知识和经验,提升其技术水平。

市场开拓:先进国家的新能源企业通过在其他国家投资建厂、开展项目合作等方式进入当地市场,推动新能源产业的发展和普及。

政策引导:先进国家通过政策支持和引导,促进新能源技术在国际市场的传播和推广,推动全球新能源产业的发展。

通过新能源产业国际先进技术溢出模式,不仅可以促进全球新能源产业的发展和合作,还可以推动技术创新和应用,促进能源的可持续发展和利用。

6.5.3　结果分析

结合表 6 - 24 可以看出，从各指标的历年平均权重来看，应收账款周转率、存货周转率的平均权重是最大的，分别占 36.90%、38.41%。由此可见，存货周转率对财务绩效的影响是最大的，应收账款周转率排第二名，速动比率排第三名。

表 6 - 24　　　　　　　　　新能源产业评价指标体系指标权重分析

指标权重	2016 年	2017 年	2018 年	2019 年	2020 年	2021 年	2022 年	平均
净资产收益率	0.0129	0.0049	0.0037	0.0021	0.0019	0.003	0.0059	0.0049
营业收入利润率	0.0021	0.0345	0.004	0.0079	0.0031	0.0059	0.0092	0.0095
总资产报酬率	0.007	0.0119	0.0047	0.0023	0.0034	0.0062	0.0038	0.0056
总资产周转率	0.0231	0.042	0.0429	0.0452	0.0376	0.0475	0.0708	0.0442
应收账款周转率	0.4601	0.4222	0.4728	0.3649	0.3053	0.3631	0.1949	0.3690
存货周转率	0.2176	0.3292	0.3358	0.3673	0.4517	0.4243	0.5627	0.3841
资产负债率	0.0008	0.024	0.0243	0.0136	0.017	0.017	0.0219	0.0169
现金流动负债率	0.0008	0.016	0.0028	0.0025	0.0034	0.0032	0.0034	0.0046
速动比率	0.0858	0.0878	0.0993	0.1067	0.0721	0.1121	0.1073	0.0959
营业总收入增长率	0.1887	0.0238	0.0073	0.0647	0.1014	0.0161	0.0129	0.0593
利润总额增长率	0.0011	0.0037	0.0024	0.0228	0.0031	0.0016	0.0072	0.0060

首先，存货周转率是反映企业营运能力的重要指标之一，反映的是企业的周转和变现能力。一般来说，存货周转率越高，企业的营运能力越强，现金回收的速度越快，变现能力越强，同时在一定程度上也增强了企业的偿债能力和盈利能力。对新能源产业来说，其业务主

要是对外销售各种新能源产品，因此企业的存货周转率越高，其主营业务收入就越高，从而大大提高了企业的利润，对财务绩效产生了巨大的影响。其次，应收账款周转率也是反映企业营运能力的一项重要指标。一般情况下，应收账款周转率越大说明企业的管理能力越强，应收账款回收速度越快，企业的坏账风险越小，现金流越充足，同时也与企业的偿债能力、管理能力等紧密联系。新能源产业相对来说是一个新兴产业，因此为了加快推动该新兴产业的发展，很多新能源企业可能会存在大量的赊销情况，所以应收账款周转率的高低会在很大程度上影响新能源企业的财务绩效情况。最后，速动比率是反映企业偿债能力的重要指标，相比流动比率它更能准确地反映企业的偿债能力。一般来说，企业的速动比率越高，企业的偿债能力越强，破产风险就越低，企业存活的概率就越高。新能源产业是一个高新技术产业，其要求的技术和创新能力越高，相对其他产业来说其研发投入就更高，前期成本也就越高，可能会存在大量的融资成本，因此速动比率与企业的财务绩效密切相关（见表6-25）。

表6-25 　　　　　　2016～2022年新能源产业目标层历年权重值

年份	盈利能力维度	营运能力维度	偿债能力维度	发展能力维度
2016	0.022	0.7008	0.0874	0.1898
2017	0.0513	0.7934	0.1278	0.0275
2018	0.0124	0.8515	0.1264	0.0097
2019	0.0123	0.7774	0.1228	0.0875
2020	0.0084	0.7946	0.0925	0.1045
2021	0.0151	0.8349	0.1323	0.0177
2022	0.0189	0.8284	0.1326	0.0201

从图6-14可以看出，营运能力维度的权重值最高，说明该维度

对新能源产业的发展有很大的影响作用。本书选取的营运能力维度包含总资产周转率、存货周转率、应收账款周转率这三个指标。下面以应收账款周转率这一指标为例，进行结果分析。

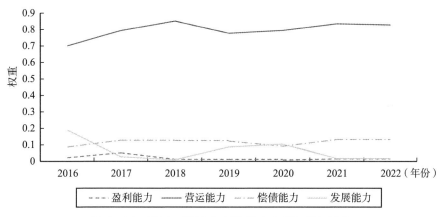

图 6 - 14　2016 ~ 2022 年新能源产业目标层权重值

　　从图 6 - 15 可以看到应收账款周转率的变化曲线与营运能力维度的变化曲线趋势相近，因此可以表明应收账款周转率在一定程度上可以反映新能源产业企业营运能力，而营运能力的权重最大，进而应收账款周转率能对新能源产业发展产生重大影响。应收账款周转率是衡量企业经营状况的指标之一，计算公式为：应收账款周转率 = 营业收入/平均应收账款余额。它反映了企业应收账款的收回速度和管理水平，应收账款周转率高，意味着企业能够迅速将应收账款转化为现金，提高资金周转速度，降低资金占用成本，改善现金流。在新能源产业这种高新技术新兴产业中，投入资本相较传统产业较大，在日常经营中快速收回资金能够更高效利用资金投入研发或者扩大市场，这对新能源产业企业经营活动的正常开展和发展至关重要。

　　从表 6 - 26 中可以看出，在四大维度中，存货周转率、应收账款周转率所占权重较大，因此它们所对应的营运能力维度对于新能源产业的发展有着举足轻重的影响力。同理，偿债能力维度权重次之，进而其影响力次于营运能力维度，发展能力维度与盈利能力维度相差不多，皆属于影响力较小的范畴，但盈利能力维度排最后，其对新能源产业发展的影响最小。

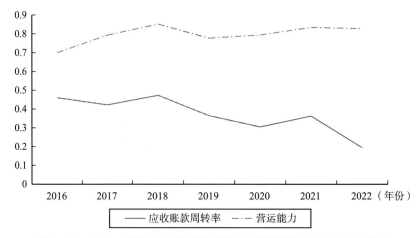

图 6-15　2016~2022 年应收账款周转率与营运能力维度历年权重值

表 6-26　　　　　　　　　新能源产业目标层平均权重

目标层	权重值
盈利能力	0.0201
营运能力	0.7973
偿债能力	0.1174
发展能力	0.0652

按照新能源企业的平均得分进行排序，从表 6-27 可以看出广宇发展、涪陵电力、黔源电力、嘉泽新能、金开新能、湖南发展、九丰能源、龙源电力、协鑫能科、川能动力、蓝天燃气、川投能源、东望时代、洪通燃气、世茂能源、百川能源、南网储能、ST 升达、明星

电力、皖天然气、成都燃气、佛燃能源、联美控股、新中港、恒盛能源、新奥股份等 26 家新能源产业企业得分均值大于 0.12，这些企业属于新能源企业第一梯队。这一类企业创立大都较早，拥有较深厚的底蕴，且所处行业在其所在城市有着举足轻重的影响力，受到政府政策的支持和引导，包括政策扶持、产业规划等，同时随着经济发展和城市化进程加快，较深厚的市场底蕴致使这些企业在能源生产、输配、销售、储存等环节有着各自的专业优势，能够抢占市场的份额，形成较大的市场布局，因此企业财务绩效水平是排在前列的。在发展模式选择上更适合技术授权孵化模式，这些公司已经位于行业的前端，其所拥有的技术创新水平也是顶尖的，这些公司在稳固自身发展的同时，可以将一种先进的新能源技术授权给其他公司或机构，并通过孵化和培育的方式帮助其快速应用和发展，这样能有效促进新能源技术的快速推广和商业化，加快新能源产业的发展步伐，而自身也能共享成果，扩大市场份额。

表 6 – 27　　　　　　　　　　　新能源企业历年得分均值

企业名	权重值	企业名	权重值
广宇发展	0.4385	川投能源	0.1426
涪陵电力	0.3635	东望时代	0.1404
黔源电力	0.3511	洪通燃气	0.1389
嘉泽新能	0.3103	世茂能源	0.1385
金开新能	0.2127	百川能源	0.1355
湖南发展	0.2005	南网储能	0.1352
九丰能源	0.1698	ST 升达	0.1333
龙源电力	0.1619	明星电力	0.1284
协鑫能科	0.1493	皖天然气	0.1258
川能动力	0.1478	成都燃气	0.1231
蓝天燃气	0.1454	佛燃能源	0.1214

续表

企业名	权重值	企业名	权重值
联美控股	0.1209	节能风电	0.1102
新中港	0.1208	露笑科技	0.1102
恒盛能源	0.1206	三峡能源	0.1101
新奥股份	0.1203	三峡水利	0.1100
百通能源	0.1197	中闽能源	0.1098
美能能源	0.1184	江苏新能	0.1095
ST浩源	0.1167	瀚叶股份	0.1093
甘肃能源	0.1159	林洋能源	0.1090
浙江新能	0.1158	长源电力	0.1089
东方环宇	0.1158	长江电力	0.1088
宝新能源	0.1157	陕天然气	0.1087
凯添燃气	0.1151	南网能源	0.1082
新天绿能	0.1150	桂冠电力	0.1077
廊坊发展	0.1146	乐山电力	0.1077
晶科科技	0.1139	浙能电力	0.1070
新疆火炬	0.1139	太阳能	0.1061
杭州热电	0.1138	江苏国信	0.1059
重庆燃气	0.1137	国投电力	0.1056
金房能源	0.1131	南京公用	0.1051
通宝能源	0.1130	赣能股份	0.1051
华能水电	0.1126	申能股份	0.1050
宁波能源	0.1125	深圳能源	0.1049
中泰股份	0.1124	中国广核	0.1048
广西能源	0.1121	中国核电	0.1048
福能股份	0.1116	胜利股份	0.1048
水发燃气	0.1110	天壕能源	0.1047
京运通	0.1109	富春环保	0.1045
深圳燃气	0.1105	迪森股份	0.1044

企业名	权重值	企业名	权重值
贵州燃气	0.1042	华能国际	0.1000
内蒙华电	0.1041	天富能源	0.0999
德龙汇能	0.1041	深南电 A	0.0999
郴电国际	0.1037	穗恒运 A	0.0998
永泰能源	0.1034	华电国际	0.0997
皖能电力	0.1029	京能电力	0.0995
湖北能源	0.1029	大众公用	0.0992
建投能源	0.1028	韶能股份	0.0985
芯能科技	0.1027	长春燃气	0.0981
大唐发电	0.1027	新筑股份	0.0971
粤水电	0.1025	闽东电力	0.0969
上海电力	0.1025	银星能源	0.0967
国电电力	0.1020	晋控电力	0.0957
东旭蓝天	0.1018	大连热电	0.0955
长青集团	0.1017	ST 金鸿	0.0945
广安爱众	0.1015	豫能控股	0.0934
吉电股份	0.1014	华银电力	0.0921
京能热力	0.1012	兆新股份	0.0897
九洲集团	0.1011	珈伟新能	0.0885
西昌电力	0.1010	＊ST 惠天	0.0856
粤电力 A	0.1009	＊ST 金山	0.0818
国新能源	0.1003		

注：作者根据相关数据整理得。

处于 $0.11 \leqslant C < 0.12$ 这一区间的有百通能源、美能能源、ST 浩源、甘肃能源、浙江新能、东方环宇、宝新能源、凯添燃气、新天绿能、廊坊发展、晶科科技、新疆火炬、杭州热电、重庆燃气、金房能

源、通宝能源、华能水电、宁波能源、中泰股份、广西能源、福能股份、水发燃气、京运通、深圳燃气、节能风电、露笑科技、三峡能源、三峡水利等28家新能源企业，这些企业属于新能源企业第二梯队。这一类企业相较于第一类企业发展起家时间较晚，目前的财务绩效相较低一些，但依旧有很好的发展态势，它们创立之初发展迅速，依靠自身技术创新，在市场中站稳脚跟，但由于市场发展较晚，所以未能更进一步，所以这些公司在发展模式上可以选择跨界融合发展模式和国际先进技术溢出模式。通过这两种模式：一来是可以快速推广自身，将自身优势与其他国家、其他行业深度合作，实现不同领域之间的优势互补，从而实现自身企业价值的提高；二来是另辟蹊径，在市场饱和度过高的情况下，通过转型合作可以开辟新的经营发展路径，从而使企业实现"弯道超车"（见图6-16）。

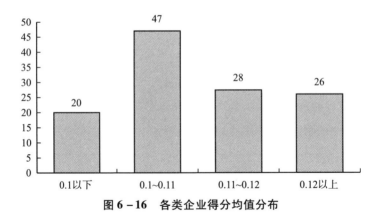

图6-16 各类企业得分均值分布

处于 $0.10 \leqslant C < 0.11$ 这一区间的有中闽能源、江苏新能、瀚叶股份、林洋能源、长源电力、长江电力、陕天然气、南网能源、桂冠电力、乐山电力、浙能电力、太阳能、江苏国信、国投电力、南京公用、赣能股份、申能股份、深圳能源、中国广核、中国核电、胜利股份、天壕能源、富春环保、迪森股份、贵州燃气、内蒙古华

电、德龙汇能、郴电国际、永泰能源、皖能电力、湖北能源、建投能源、芯能科技、大唐发电、粤水电、上海电力、国电电力、东旭蓝天、长青集团、广安爱众、吉电股份、京能热力、九洲集团、西昌电力、粤电力 A、国新能源、华能国际等 47 家新能源企业，这些企业属于新能源企业第三梯队。大多数企业都位于这一梯队，相较于以上的梯队，这类企业的营运能力较低是其企业财务绩效相对较低的主要原因。由于我国新能源政策的引导，越来越多的新能源企业涌现，过多的新企业出现，势必会导致残酷的市场竞争，企业竞争之后往往市场格局便大致形成，而这些企业大多数没有太多核心竞争力，因此这部分企业适合选取垂直整合发展模式和跨界融合发展模式。通过垂直整合发展模式以实现资源优化配置、产业链协同发展，提高企业综合竞争力和持续发展能力，另一方面通过跨界融合发展模式可以结合其他行业的优势，这样便可以找出自身缺陷，进而改善自身，提高财务绩效。

处于 $C < 0.10$ 这一区间的有天富能源、深南电 A、穗恒运 A、华电国际、京能电力、大众公用、韶能股份、长春燃气、新筑股份、闽东电力、银星能源、晋控电力、大连热电、ST 金鸿、豫能控股、华银电力、兆新股份、珈伟新能、*ST 惠天、*ST 金山等 20 家新能源企业，这些企业属于新能源企业第四梯队（见图 6 - 17）。这部分企业中 ST 公司占比较大，其财务绩效数据表现过差，而其余企业大多数创立时间早，但没有抓住新能源产业的发展机遇，维持传统行业的发展模式，或者业务模块逐渐丢失，缺乏创新，这样势必导致它们的财务绩效低下，因此它们可以选择垂直整合发展模式、跨界融合发展模式、技术授权孵化模式。对于这些企业，和第三类企业一样它们需要整合自身资源，实现自我完善，同时可以寻求其他发展领域进行合作，抑或通过技术孵化，作为被授权方，利用大公司的资源优势，快速提升自己，同时降低技术研发成本、减少市场风险，提高商业成功率。

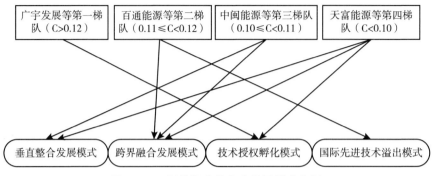

图6-17　新能源产业企业发展模式分析

6.5.4　结论与政策

新能源产业作为我国战略性新兴产业，对实现"双碳"目标有着举足轻重的作用，本书采用熵权 TOPSIS 法对 121 家新能源产业企业进行财务绩效水平研究分析，根据研究结果可知，新能源企业根据得分大致归为四类，其中处于第三类的新能源企业居多，其他三类企业数量相差不大。本书为提升新能源企业的发展潜力，根据结果分类与对应解决方法整合分析，为每类企业提供适合其采用的发展模式。为实现新能源企业的长远、持久发展，现根据四大维度提出以下相关建议。

（1）盈利能力方面。

新能源产业企业的盈利能力在四大维度中整体较低，但盈利方面的波动性不大，在盈利能力维度中营业收入利润率权重相对较高，但是新能源产业企业的支出非常巨大，诸如金开新能、晋控电力等企业盈利能力维度的三个指标皆远低于行业均值，虽然盈利能力维度的权重较低，但如此长期发展势必会使企业利用资源谋利的能力下降。对此，企业在发展过程中应采取降低生产成本、提高技术产品质量、拓展市场份额等措施，实现持续盈利。同时建议加强成本管理，优化生产流程，提高生产效率，同时注重产品创新和市场营销，确保企业盈利能力持续增长。

（2）营运能力方面。

新能源产业企业的营运能力在四大维度中整体最高，但波动性较大，营运能力对财务绩效的影响最大，像深圳能源、兆新股份等企业三项指标低于平均值，营运能力方面稍差，更加应该注重营运方面的稳定管理，即新能源企业应优化营运管理，提高生产效率和运营效益，通过垂直整合资源提升企业核心竞争力，建议加强供应链管理，优化物流配送，而像蓝天燃气等企业其他指标都不错但存货周转率稍差，应该降低运营成本，提高存货周转率。诸如嘉泽新能等企业应收账款周转率这一关键指标稍差应该增强资金活动，提高应收账款周转率，降低资金占用成本，改善现金流。同时，建议加强人才培养，优化组织架构，新能源产业是创新驱动产业，需要高精尖技术人员不断创新技术，企业要加大人才引进，加强员工之间交流学习，改善员工激励机制，激励员工提高工作效率，确保企业营运稳定。

（3）偿债能力方面。

新能源产业企业的偿债能力表现较为稳定，主要是新能源产业享受政策补贴、税收优惠等政策红利。在未来发展过程中，虽然新能源行业企业整体偿债能力皆不错，但像广宇发展等新能源企业虽然得分很高，但也应关注现金流动负债率为负值的情况，这种情况表明企业无法靠经营所得现金维持企业运转，需靠自有资金运行，这样就更应注意控制负债规模，降低财务风险。建议合理安排资金运作，控制债务比率，确保偿债能力稳定。同时，新能源企业发展投入大，回报周期长，更应该积极开拓融资渠道，优化资本结构，降低融资成本，确保企业财务健康。

（4）发展能力方面。

新能源产业企业的发展能力维度变动过大，像德龙汇能等大多数企业虽然营业总收入增长率皆为正值，但其利润总额增长率往往都是负值，主要还是受大环境影响，整个行业的支出往往大于收入，且收入回收期极长甚至无法估量，加之疫情期间的整体下降，以及政策红利时的集体提升，市场环境不断变化，导致发展能力持续波动。但未来新能源产业发展应尽量避免大环境的影响，注重自身的核心实力提升，即注重技术创新和市场拓展，同时加大研发投入，提升技术水平，推动产品创新。加快资金回流速度，实现可持续发展。同时，积极开拓国内、国外市场，拓展产品销售渠道，提高市场份额，实现企业可持续发展。

6.6　中国节能环保产业统计监测研究

6.6.1　研究现状与研究目的

（1）研究现状。

在经济快速发展、工业化进程不断推进带来的能源和环境压力下，节能环保产业受到越来越多的重视。节能环保产业具有产业链长、关联度大、吸纳就业能力强、对经济增长拉动作用明显等特征。节能环保产业的发展能加速经济的增长，优化产业结构及维护绿色生态，从而推动节能减排、发展绿色经济和循环经济、建设资源节约环境友好型社会，不断增强我国产业竞争力，促进我国经济持续健康发展。因此，大力发展节能环保产业是我国经济发展的内在要求。"十四五"规划纲要明确战略性新兴产业依然是我国重点发展产业，其发展目标为"融合化、集群化、生态化"。规划明确"制造强国战略"进一步深化实施，"加强产业基础能力建设""提升产业链供应链现代化水平""实时降本减负行动"等将作为实施手段。同时《中国制造2025》指出，加大先进节能环保技术、工艺和装备的研发力度，加快制造业绿色改造升级，积极推行低碳化、循环化和集约化，提高制造业资源利用效率，强化产品生命周期绿色管理，努力构建高效、清洁、低碳、循环的绿色制造体系。在政策和资本等多方推动下，节能环保产业得到了快速发展，但也面临一些困境和挑战。

自 2015 年新环保法实行以来，我国节能环保产业高速发展，产值不断增长，龙头企业涌现。通过启信灯塔数据研究中心公布的《2021 年中国节能环保产业发展分析报告》了解到"十三五"期间，我国资源节约和环境保护工作成效显著，绿色产业发展势头良好，我国节能环保产业快速发展。数据显示，从我国节能环保行业产值来看，2015～2020 年产值呈稳步增加态势。我国节能环保产业产值由2015 年的 4.5 万亿元上升到 2020 年的 7.5 万亿元左右。根据"十四五"规划和 2035 年远景目标建议，行业产值及相关目标数据，预测2023 年将达到 12.3 万亿元，至 2025 年，5 年内累计预计单位 GDP能源消耗降低 13.5%，单位 GDP 二氧化碳排放降低 18%，前景无限（见图 6 - 18）。

图 6 - 18　2015～2021 年中国节能环保产业产值

在节能环保产业新增企业数量方面，在"十一五"期间和"十二五"期间即 2006～2015 年环保新增企业稳定增长在 500 家左右，节能环保产业新增企业年稳定增长在 100 家左右。然而进入"十三五"期间，随着产业政策机制的完善和市场监管规范力度的加大，从 2016 年开始产业新增数逐年骤减，行业准入门槛提高。截至 2020

年由于受疫情影响，节能环保企业新增数量仅为22家，现有企业2799家。受疫情冲击较大。但随着疫情的结束，新政策不断加持，节能环保产业的刚性需求继续释放，又为产业带来一波红利。

节能环保产业的分布具有明显地域差异，"长三角"地区具备强集中趋势，长三角地区节能环保产业高新企业占比达35%，其中广东省和江苏省遥遥领先，具体产业分布的地域情况如表6－28所示。

表6－28　　　2020年中国节能环保产业高新企业地区数量情况

省份	广东	江苏	山东	浙江	北京	上海	河北	湖北	湖南	安徽	福建	河南	四川	陕西	辽宁
节能企业	203	97	52	62	63	48	28	22	31	27	29	11	12	13	16
环保企业	306	377	198	171	145	119	93	87	67	66	46	57	55	48	34

省份	天津	江西	广西	重庆	黑龙江	山西	甘肃	贵州	云南	吉林	新疆	宁夏	内蒙古	青海
节能企业	7	14	9	7	2	6	4	1	2	2	0	1	0	0
环保企业	41	16	18	19	18	8	7	10	9	6	4	2	2	1

产业园区的发展推动了产业集群的形成。截至2021年3月，全国节能环保产业园区分布已呈现明显集聚状态，产业集群化、生态化发展格局凸显。目前，国内节能环保产业园区主要分布在广东、江苏、浙江、山东和上海。各环保集聚区有共性也各有侧重，产业呈现"一带一轴"分布格局，主要集中在环渤海、长江经济带和珠三角三大区域。国内典型性节能环保科技园区有苏州国家环保高新技术产业园、盐城市高新技术产业区、中节能旗下九大节能环保园区等。

与此同时，在节能环保产业的细分领域行业中水处理设备、大气治理设备、大气治理催化剂、高效节能装备、高效节能电器机械高新技术产业所占比例明显较高，具有明显集中离散分布态。当前节能环保产业态势呈现出产业链丰富、短期内难整合、细分领域行业差异大、技术不统一、服务对象差别大等特征。

我国大力推进节能减排、发展循环经济、建设资源节约型环境友好型社会的政策，为节能环保产业发展创造了巨大需求，节能环保产业得到较快发展，但仍存在一些困境，具体包括：创新能力不足、产业结构不合理、市场规范度不足、政策机制不完善、服务体系不健全等，仍需进一步完善和解决，以促进我国节能环保产业的持续、健康发展。

（2）研究目的。

随着我国经济结构的调整和产业升级，大力发展节能环保产业有利于加强我国产业竞争力，促进经济持续健康发展，加快产业升级。节能环保产业的发展是生态文明建设、改善生态环境，实现碳达峰、碳中和目标的重要内容，其有利于降低企业能源利用成本和提升经济发展质量和效益。与此同时，由于节能环保产业本身具有的外部性、非竞争性、非排他性的特征，难以通过市场机制来进行调节，需要政府发挥其宏观经济调控职能，通过合理有效的财税政策促进节能环保产业的发展，政府对其宏观调控阶段的把握至关重要。故而，有效识别和监测节能环保产业的不同阶段，将有利于政府政策的适时制定，从而推动节能环保产业的持续健康发展。参考国内外理论研究成果，本研究在统一市场下，利用与节能环保产业密切联系的 10 个指标对我国 135 家节能环保产业企业分布及发展路径进行分析。

6.6.2　研究设计

由于衡量节能环保产业的指标体系层次丰富，内在关系衡量是一个系统工程，并且各地区节能环保发展水平存在异质性，各学者选取的指标有一定的差异。

张维、周明（2017）从政府、企业和居民三个市场参与方出发，详细分析江西省节能环保产业的发展现状和发展趋势，选取了单位能耗（万吨标准煤/亿元）作为衡量节能环保产业的重要指标。薛婕、马忠玉（2016）选取了研发投入、总资产等作为变量指标来进行节能环保企业的经营绩效分析。李楠、余金（2016）选取了政府环保政策数量、企业专利申请数量等指标对节能环保产业的企业绩效管理进行测度分析。

本研究在借鉴前人研究的基础上，结合报告的目标和方向，确定了盈利能力、偿债能力、营运能力、发展能力四个维度，对统一大市场下节能环保产业的企业绩效进行分析，以 2017~2021 年节能环保产业上市公司总资产报酬率、主营业务利润率、总资产周转率、存货周转率等 10 个指标作为研究对象构建了指标体系。本研究使用的方法是熵权 TOPSIS 方法（见表 6 - 29）。

表 6 - 29 节能环保产业的业绩监测指标体系

维度	指标	指标公式	性质
盈利能力	总资产报酬率	净利润/总资产	正向
	主营业务利润率	主营业务利润/营业收入	正向
偿债能力	资产负债率	负债总额/资产总额	正向
	流动比率	流动资产/流动负债	正向
	速动比率	速动资产/流动负债	正向
营运能力	存货周转率	销货成本/平均存货余额	正向
	总资产周转率	营业收入净额/平均资产总额	正向
发展能力	主营营业收入增长率	（本期主营业务收入 - 上期主营业务收入）/上期主营业务收入	适度
	净利润增长率	（当期净利润 - 上期净利润）/上期净利润	适度
	总资产增长率	（本期总资产 - 上期总资产）/上期总资产	适度

6.6.3 结果分析

根据统计资料和熵权 TOPSIS 模型，节能环保产业统计监测体系指标分析如表 6 - 30 所示。

表 6 - 30 　　2017 ~ 2021 年中国节能环保产业指标体系权重分析

指标	2017 年	2018 年	2019 年	2020 年	2021 年	平均权重
总资产报酬率	0.0319	0.2415	0.3202	0.2748	0.1378	0.20124
主营业务利润率	0.032	0.1221	0.003	0.1655	0.0128	0.06708
资产负债率	0.0146	0.0054	0.0923	0.1448	0.0064	0.0527
流动比率	0.0388	0.0169	0.0151	0.0137	0.0233	0.02156
速动比率	0.044	0.0185	0.0159	0.0148	0.0254	0.02372
存货周转率	0.368	0.1712	0.1366	0.0636	0.0755	0.16298
总资产周转率	0.0457	0.0191	0.0131	0.0063	0.0102	0.01888
主营营业收入增长率	0.1073	0.1101	0.0308	0.1425	0.2922	0.13658
净利润增长率	0.215	0.2767	0.3486	0.1554	0.244	0.24794
总资产增长率	0.1028	0.0185	0.0245	0.0185	0.1726	0.06738

从表 6 - 30 可以清楚看到，在对节能环保产业的统计监测中，净利润增长率权重 24.794%，所占的比重最大，其次是总资产报酬率 20.124%，存货周转率、主营营业收入增长率均超过了 10%，总资产增长率、主营业务利润率、资产负债率等渐次变小，权重最小的是总资产周转率，仅为 1.888%，从中可以清楚地看到盈利能力、发展能力在产业的监测中十分重要。

从表 6 - 31 可以看出，偿债能力在四个维度中总体偏弱，权重占比较小，历年变化较小，趋于稳定；营运能力从最开始的 41.37% 降至 2021 年的 8.57%，呈现递减的趋势，说明节能环保产业受疫情影响；营运能力方面进展缓慢，经历了倒"U"形的发展趋势，接近停滞，在这几年的营运能力波动极大，影响力逐年递减；与营运能力相反，发展能力在2021年达到最高值。

表6-31　　　　2017～2021年节能环保产业维度层历年权重值

维度	2017 年	2018 年	2019 年	2020 年	2021 年
盈利能力	0.0639	0.3636	0.3232	0.4403	0.1506
偿债能力	0.0974	0.0408	0.1233	0.1733	0.0551
营运能力	0.4137	0.1903	0.1497	0.0699	0.0857
发展能力	0.4251	0.4053	0.4039	0.3164	0.7088

从表6-32可以看到，在对节能环保产业的监测中，发展能力平均权重值最高，达45%以上，远高于其他三者，在产业的监测中占据重要地位。另外，从该维度层各项指标观察中可以知道，其表现主要得益于净利润增长率；凭借良好的总资产报酬率，盈利能力居于其次，其平均权重为26.83%；相较于前两者的平均权重值，营运能力在产业监测中表现并不突出，其平均权重值为18.19%，其中，具有代表性的总资产周转率指标仅为1.89%；在四个维度层中，平均权重值最低的是偿债能力，其权重值仅为9.80%，三项代表指标皆在6%以下，其中表现较好的是资产负债率指标。

表6-32　　　　　　节能环保产业维度层平均权重

指标维度	权重值
盈利能力	0.26832
偿债能力	0.09798
营运能力	0.18186
发展能力	0.4519

　　按照节能环保企业的平均得分进行排序，表6-33中的企业可以分为三类，神雾节能、武汉控股、玉禾田、正和生态等四家节能环保企业的得分均值 $C \geqslant 0.5$，这些企业属于节能环保企业第一梯队，表6-33清楚表明，在节能环保企业中，位于长三角上游为主、能源材料来源以环保材料为主的企业分布格局初步形成，这些企业有较好的政策支持和比较完整的产业基础，因此企业财务绩效水平是排在前列的。

表6-33　　　　　　　　　节能环保企业的统计监测分析

企业名	权重值	企业名	权重值
神雾节能	0.642715	瀚蓝环境	0.438994
武汉控股	0.542524	绿城水务	0.438263
玉禾田	0.523193	法尔胜	0.438005
正和生态	0.513917	万德斯	0.437754
绿茵生态	0.499541	圣元环保	0.437628
钱江生化	0.481628	中航泰达	0.437397
创业环保	0.477859	中国天楹	0.437302
中环环保	0.465436	上海环境	0.435755
旺能环境	0.458385	伟明环保	0.435303
中原环保	0.456834	德林海	0.435003
建工修复	0.456588	节能国祯	0.434941
侨银股份	0.454414	洪城环境	0.433894
祥龙电业	0.453632	中再资环	0.433589
绿色动力	0.452364	金科环境	0.433366
南大环境	0.448683	飞马国际	0.433304
深水海纳	0.444052	雪浪环境	0.433244
中持股份	0.444037	兴蓉环境	0.432498
联泰环保	0.442128	清新环境	0.43235
碧水源	0.440495	ST龙净	0.432096

续表

企业名	权重值	企业名	权重值
海峡环保	0.431927	倍杰特	0.427272
盛剑环境	0.431797	浙富控股	0.427048
华骐环保	0.431258	中材节能	0.427013
太和水	0.431252	鹏鹞环保	0.426706
海天股份	0.431082	宇通重工	0.426568
上海凯鑫	0.43083	华宏科技	0.4264
永清环保	0.430624	金达莱	0.426218
高能环境	0.430305	创元科技	0.426118
同兴环保	0.430226	久吾高科	0.425967
首创环保	0.429948	中建环能	0.425758
福龙马	0.429882	维尔利	0.425695
中电环保	0.429805	雪迪龙	0.425523
中兰环保	0.42973	三达膜	0.425102
中晟高科	0.429619	菲达环保	0.425098
三峰环境	0.429293	复洁环保	0.424778
惠城环保	0.429209	百川畅银	0.424724
景津装备	0.428826	福鞍股份	0.42459
力合科技	0.428823	津膜科技	0.424531
重庆水务	0.428783	盈峰环境	0.424413
清水源	0.42856	远达环保	0.424254
顺控发展	0.428415	上海洗霸	0.423797
江南水务	0.428279	国林科技	0.423507
中山公用	0.42826	先河环保	0.422772
钱江水利	0.428107	万邦达	0.422526
东江环保	0.42759	博世科	0.401562
路德环境	0.427587	国中水务	0.382015
京源环保	0.427506	兴源环境	0.350919
新安洁	0.427403	华控赛格	0.122686

注：作者根据相关数据整理得。

当 $0.4 \leqslant C < 0.5$ 时，第二梯队的节能环保企业绿茵生态、钱江生化、创业环保、中环环保、旺能环境、中原环保、建工修复、侨银股份、祥龙电业、绿色动力、南大环境、深水海纳、中持股份、联泰环保、碧水源、瀚蓝环境、绿城水务、法尔胜、万德斯、圣元环保、中航泰达、中国天楹、上海环境、伟明环保、德林海、节能国祯、洪城环境、中再资环、金科环境、飞马国际、雪浪环境、兴蓉环境、清新环境、ST龙净、海峡环保、盛剑环境、华骐环保、太和水、海天股份、上海凯鑫、永清环保、高能环境、同兴环保、首创环保、福龙马、中电环保、中兰环保、中晟高科、三峰环境、惠城环保、景津装备、力合科技、重庆水务、清水源、顺控发展、江南水务、中山公用、钱江水利、东江环保、路德环境、京源环保、新安洁、倍杰特、浙富控股、中材节能、鹏鹞环保、宇通重工、华宏科技、金达莱、创元科技、久吾高科、中建环能、维尔利、雪迪龙、三达膜、菲达环保、复洁环保、百川畅银、福鞍股份、津膜科技、盈峰环境、远达环保、上海洗霸、国林科技、先河环保、万邦达、博世科等87家企业，这类企业有着较完善的产业生产能力，属于节能环保产业的第二梯队，该梯队企业是节能环保产业的主体。

当 $C < 0.4$ 时，第三梯队的节能环保企业包括国中水务、兴源环境、华控赛格等3家，属于最后的梯队，表明在节能环保企业的统计监测中，该3家企业的财务绩效水平较低。其中原因：一方面，这是由这3家企业的经济发展状况引起的，它们的主营业务收入在行业内都处于落后地位，难免会在企业转型上缺乏资金支持；另一方面，这3家企业都是以传统能源为主，对环境的污染也较为严重，所以亟须调整这两家企业的发展策略，走绿色制造发展路径。

6.6.4　结论与政策

节能环保产业作为战略性新兴产业的重要组成部分，对实现

"双碳"目标有举足轻重的作用，研究对节能环保产业的94家上市公司的企业进行了统计监测，监测结果表明，环保产业可归纳为上述三大类。根据上文分析，有如下的对策：

其一，加大对环保领域的投资支持，完善地方政府的节能环保政策体系，加大对环保企业的税收减免力度，鼓励节能环保企业与发达区域前端上市公司开展学习、合作甚至技术转让，鼓励有条件的节能环保企业实施高科技高强度的生产方式等。

其二，节能环保产业较少出现头部企业，需要加大对节能环保产业重点企业的技术支持和项目支持力度，扩大节能环保企业在群众中的影响力，树立节能环保企业在经济、社会各领域的较好印象、消费者美誉度，让"有一种生命，叫低碳环保"的理念深入人心。

其三，提升节能环保产业的偿债能力。疫情防控期间，节能环保产业受到巨大冲击，节能环保的企业资产负债率较高，资金的流动比率和速动比率偏低，需要更大的资金平台来协调这种现象。

6.7 中国数字创意产业（元宇宙）统计监测研究

6.7.1 研究现状与研究目的

1. 研究现状

元宇宙是中国数字创意产业的重要组成部分，所以选择元宇宙产业作为对数字创意产业的测度研究。元宇宙这一概念源自三十年前的科幻小说《雪崩》，英文名字为 *Metaverse*。该小说描绘的是用户可以使用数字代码形成虚拟化身在一个平行于现实世界的虚拟空间里面自由穿梭，构建属于自己的"世界"。自元宇宙概念被提出以来，人们对它的理解各有不同，基于诸多研究，笔者认为，元宇宙是一种数字化的虚拟世界，人们可以使用数字身份进入元宇宙成为数字化的自己，参与各种活动和互动。脸书（Facebook）首席执行官马克·扎克伯格①说：元宇宙不是我们简单认为的手机或者网络，而是我们能够参与、可以置身其中的网络世界，或者说数字世界。正如《雪崩》所描绘的那样，每个参与者在元宇宙里面都可以以自己的独特构思和奇妙想法大展身手，创造自己的玩法，建立独特的世界，因此元宇宙逐步被挖掘、延伸和兴起。

2021 年 3 月 11 日，罗布乐思（Roblox）以元宇宙领域首批新股的身份，成功上市。与此同时，脸书公司基于 VR 头盔推出了在线虚拟会议平台，以软件的方式呈现出来。在国内，腾讯等龙头企业在元宇宙相关领域持续加大研发投入和探索力度。元宇宙目前的应用领域涉及教育、医药、智慧城市、商业、文化和制造业等方面，与人们的生活息息相关。根据彭博社的预测，元宇宙市场的规模在 2023 年或将达到 2.5 万亿美元。由此可知，元宇宙发展前景广阔，受到国内外众多公司的追捧和实际开发应用。现如今元宇宙的发展尚且处于成长阶段，各方面还不够成熟，相关体制机制也需不断构建和调整。个人、社会和国家也需采取措施积极应对未来元宇宙爆发期带来的机遇和挑战，充分挖掘元宇宙的更大潜能。

元宇宙是中国式现代化的重要组成部分，二者相互促进，相互影响。习近平（2022）发表了有关发展壮大数字经济的文章，肯定了目前我国数字经济发展的主要成就和指出了面临的具体问题，并对未来我国数字经济发展方向作出了顶层规划和战略部署。从 2021 年初至今，"元宇宙"这一融合了大数据、云计算、数字孪生等一系列最前沿数字科技的新产业概念席卷全球，开创了"元宇宙元年"。这一新产业概念背后所带来的极致沉浸体验、超时空的社交体系和虚实交互的经济系统等将有助于重构全新的产业形态，强力助推数字经济的

---

① 马克·扎克伯格. 创始人信 [N]. 华尔街日报，2021 – 10 – 28.

发展。2022年10月，党的二十大报告指出并强调要以中国式现代化推动实现中华民族伟大复兴。其中，中国式现代化既要实现高质量发展，也要创造人类文明新形态。元宇宙作为数字技术的大融合，将驱动人类社会进行数字化变革，加快人类社会的高质量发展和衍生出人类文明新形态；"中国式现代化"的历史进程和伟大实践，为元宇宙的发展提供了无限空间和强劲动力。将元宇宙融入中国式现代化的历史进程中，一方面有利于把握元宇宙发展的重大机遇，推动数字经济的快速稳定发展，另一方面将促进中国经济整体高质量健康发展，为中国式现代化注入澎湃数字动力。

2. 研究目的

在元宇宙快速发展的阶段，元宇宙公司皆冀望获得新的盈利增长点，当前互联网行业已经发展到一定的水平，各大互联网商业板块发展相对稳定，增长速度逐渐放缓。对此，需要挖掘新的盈利增长点。另外，在数字经济快速发展的加持下，元宇宙也由此兴起，并在2021年爆火。随着新一代信息技术的发展，像5G、物联网、区块链、AI等，元宇宙概念实现初步凸显，且元宇宙的发展获得国家政策的大力支持。近几年，多个省份在政府工作报告中强调要重视元宇宙的发展，并发布了有关元宇宙的发展规划和相关具体措施。国家层面和地方政府对元宇宙的大力支持，使区块链技术、物联网技术和人工智能技术等在众多领域的应用价值日益凸显，为元宇宙的兴起奠定了坚实的基础。如果单纯为了娱乐需求和体验，现如今随处可见的互联网游戏和娱乐社交产品已经足够满足我们的需求。由马斯洛的需求层次理论可知，人的需求分为五大需求，并从低到高进行排列，当今社会我们基本能够满足前四个需求，最后一个自我实现需求是最高境界。但是，受多种因素的影响，人们的压力都很大，自我实现需求难以实现。而元宇宙能够给参与者提供充分的自由，在发挥自身创造力的基础上去建立相关规则，实现自我价值。另外，人生来就有参与人际交流互动，确定自身的定位，思考世界，探索未知，满足自己的认知需求和社交需求的能力，若元宇宙能够拓展我们交流方式和认知途径，帮助我们与他人建立更多的联系，获得更多积极的体验，那会让我们获得更多的幸福感和存在感。

当前，越来越多的公司投身元宇宙的发展，要实现元宇宙的发展，需要对元宇宙的构成要素进行分析，本书将构建元宇宙产品相关品牌的指标体系，利用该指标体系对中国市场的元宇宙公司分布及商业模式进行分析。

6.7.2 中国元宇宙应用及元宇宙企业现状分析

1. 中国元宇宙的应用

随着数字经济的快速发展，以数字技术为驱动的元宇宙成为全球经济发展的新增长点。元宇宙作为一个新概念和产物，是新一代信息技术和经济社会深度融合后形成的新兴业态。在中国，元宇宙逐渐从概念走向实践，从理论走向现实，产业生态持续完善，应用场景不断涌现。元宇宙会带来物理世界和数字世界的深度融合，不仅体现在使用者单一的感觉，更多的是触觉、味觉、嗅觉、听觉的全方位的综合感受，身临其境只是其中一个需要突破的技术难关，也已经实现了突破（邓志文，2022；苏会权，2022）。在虚拟的元宇宙里，用户可以是一位纵横疆场的征西大将军，可以是三国时期的周公瑾，也可以是一名令人闻风丧胆的外星入侵者。元宇宙的多元性和虚拟性决定了上述这些实现的可能性，人们完全可以透过元宇宙体验不同时期的不同场景，极大地丰富了体验。而这些仅仅是其中的一个方面，游戏绝不是元宇宙的全部。身份系统、价值系统和沉浸式体验是实现元宇宙的三大要素（秦江鹏，2022；郑世林、陈志辉、王祥树，2022）。人类可以实现元宇宙做现实世界中能做的任何事情，包括但不限于购物、旅游、社交等，极大地便利用户。物理世界和数字世界的深度融合是一场深度的科技革命，而如果不建立去中心化的身份系统和价值系统，不论硬件设备技术做到如何极致，沉浸体验做得如何逼真，元宇宙也无从谈起（杨仙艺、胡兮，2022；喻国明、赵秀丽、谭馨，2022）。

元宇宙带来人类在各种各样可能的精神世界的探索，元宇宙将会改变人们生活，也会改变人们的思维。如果人们的思维在某种程度上被数字化，就很难想象这种数字化会在多大程度上改变世界。正如前文中提到的，元宇宙会带给人们更为丰富的体验，这些体验常人可能在现实世界中永远体会不到。正是这些宝贵的沉浸式体验场景和内容，让人们的视野迅速扩大，精神世界瞬间充盈，从而进一步激发人类在元宇宙中各种各样可能的精神世界的探索。众所周知，元宇宙中的每一个人都可以是内容或者场景的制作者，因为"去中心化"元宇宙给参与者充分的自由，发挥自己的创造力，自己建立规则，创造价值。一个人通过发挥自己的主观能动性，实现自己的想法，以此来认同自己，获得更多的存在感，带来更多的体验，其价值不言而喻。更有可能在思想和体验及不同言论的交锋中，产生关键性的理论突破，引领科技进步的方向（楼军江，2022；肖君，2022；于天贞，2022）。

元宇宙带来产业的转型升级。当下，中国元宇宙被视为数字经济和数字文化融合的重要方向，具有许多创新和发展的可能性。

虚拟商品交易：中国元宇宙可以作为一个虚拟商品交易平台，让用户可以购买和出售虚拟商品，如虚拟房屋、虚拟道具等。

虚拟社交平台：中国元宇宙可以作为一个虚拟社交平台，让用户可以在其中创建个人资料、建立社交关系、参加聚会等。

教育和培训：中国元宇宙可以被用于教育和培训领域，可以让用户在其中学习各种知识和技能，如语言学习、编程学习等。

旅游和娱乐：中国元宇宙可以被用于旅游和娱乐领域，可以让用户在其中参观虚拟景点、体验虚拟活动等。

区块链应用：中国元宇宙可以与区块链技术相结合，实现数字身份认证、安全交易、去中心化管理等功能。

健康管理：中国元宇宙可以被用于健康管理领域，让用户可以在其中管理健康数据、参加虚拟健身活动等。

智能城市管理：中国元宇宙可以被用于智能城市管理领域，让用户可以在其中管理城市资源、参与城市规划等（闫佳琦、邹琴、沈阳，2022；景秀丽、吴鑫颖，2022）。

元宇宙带来应对 AI 对人的替代问题的解决方案。我们都知道，随着人工智能的来临，人的许多工作都将被机器取代。《未来简史》一书的作者尤瓦尔赫拉利（Juvalhellar）曾表示："在今后 20～30 年内，将有 50% 以上的工作岗位由人工智能代替。"这种情况已经出现了，用不了多久，无人超市、无人货架、无人驾驶都会成为现实。而且，当人工智能技术发展到一定程度后，医生、律师、文职人员等职业将会被替代。从这一点就可以看出，在这个世界上，人类的实力到底是多么有限。凯利在其著作《必然》中乐观地写道："新的工作岗位将会在新的高生产力领域涌现出来。"如今重新阅读这段文字，很容易看出一个新的可能——元宇宙。元宇宙中，或许会出现一种新的雇佣方式。人也可以通过元宇宙产生新的职业和新的价值（周丰，2022；吕福骥，2022）。

2. 中国现在的元宇宙企业及元宇宙产业面临的困境

截至 2022 年末，中国本土已经有超过 100 家企业涉及元宇宙或元宇宙相关领域。其中，大多数企业驻扎在海南、上海、杭州等沿海或经济发达地区，但也有少数落户在江西、长沙等内陆地区。元宇宙产业现阶段面临的主要困境如下：

元宇宙的底层基础算力不够。元宇宙的基础体系结构主要包括通信网络、云计算和新的开放网络协议等。而一个能够容纳几百万、上千万甚至上亿人的理想元宇宙，所需的网络和计算能力，也会成倍地增加。与此同时，元宇宙对"边缘计算"（即每个参与博弈的用户终端，都必须具备相应的计算能力）的需求，也会越来越迫切。因为在元宇宙里，每个人的自由度都非常高，但如果将每个人的行动都放到云端，又会显得过于拥挤，所以就需要增加自己的本地设备容量。而到目前为止，中国乃至世界的边缘计算力都远未达到要求（罗茂，2022；石庆波，2022）。

元宇宙的内容生态远未搭建好。中国元宇宙还处于发展初期。在以创新标榜的元宇宙这个赛道上，内容生态的搭建肯定不能落后于硬件设备。而在这个赛道上，很明显，内容生态的搭建不是一家公司、一类公司就能做成的，也不是一朝一夕就能完成的，需要更多的"内容创作者"参与，这就需要所谓的万众创新。元宇宙发展的整个过程需要大量的内容支撑，需要时间的积累沉淀。国内共识不够。创造是元宇宙最大的优势，却也是其风险所在。由于元宇宙高度的自由度，每个人都可以是导演，这就形成了一个问题，一个导演创作的剧本是否具有合法性的问题。所以，这就要求人们在法律、文化、价值观等层面，让社会各个阶层贡献建议，参与讨论，提前制定价值共识（方凌智、赵星，2022；黄焕辉，2022）。其他环节的支持不够。创造是元宇宙的核心优势，但如果产生抄袭、剽窃等乱象，受害人如何保护自己的合法权益。或者，与元宇宙相关的本国硬件设施制造商无法满足蓬勃发展的产业要求，缺乏核心技术，持续被外企"卡脖子"该如何破围。抑或是元宇宙产业初期国家政策支持力度不够致使发展迟缓等（严驰，2022；秦贝贝、刘伟东、石亮，2022）。

6.7.3 研究设计

在元宇宙概念兴起的当下，元宇宙下的创作者经济也日趋形成规模，随之诞生了一批基于区块链底层架构逻辑（区块链技术、价值系统）而衍生的元宇宙经济。一方面，元宇宙经济时代下的创作者利用自己的生产力产出现实交换中所需的优质内容和产品，在区块链上输出规模化 NFT（非同质化代币），不同于 Web2.0 时代下互联网的信息传递方式，如版权、货币、票据等，这需要依靠中心化机构进行数据处理和同步转换，Web3.0 时代的创作者基于区块链底层链条的不可篡改性、唯一性有望解决互联网技术背景下存在于自由创作人员间的知识产权问题，在进行内容生态经济化的实际操作中所产生的数据确权问题、隐私保密问题、信息安全问题、互信问题、数据可用性问题等诸多亟待解决的问题。另一方面，元宇宙时代下的创作者经济，可以让创作者在无中心化机构的情况下进行全球范围内的价值传递并且独立拥有数字资产的全部权利，包括产品的所有权、使用权、获利权。在区块链的技术加持下，人类社会将进入一个生产要素全方位流动的价值交易时代。

本书正是在品牌资产的要素延伸下，依次选取了热度、流通方式、登录方式、流通量、藏品市值、销毁量作为分析指标，通过对市场上 100 家数藏平台的数据进行收集分析，继而进行元宇宙数字藏品市场的动态预测，目的是得出影响数藏平台发展的关键要素，从而对国内数藏平台的发展提供意见，最终将有利于激发传统互联网社会的新动能、新产能，实现全社会的高质量发展。

本节采用熵权 TOPSIS 模型对中国元宇宙平台发展水平进行实证研究，方法步骤见第四章。通过一系列计算，对上述指标赋权，采取相关方法计算得分，最终得到排名结果。

6.7.4　结果分析

（1）统计描述。

如表 6 - 34 所示，在选取的六个指标当中，edge 有着碾压全场的最高热度，这也是它明明拥有最大的销毁量这个逆指标的同时，仍能够问鼎榜首的重要原因。前面提到，Edge 中的藏品一经发售，便遭到众人的哄抢，具体原因尚不可知，但其短期能够承受住大量用户的访问，抵御众多网络攻击，热度和安全性可见一斑。排名第二、第三的分别是 Ibox 和 Hotdog，紧随其后的是幻藏和鲸探。在表 6-34 中，无一例外的，排名靠前的企业平台在热度，流通方式和登录方式这些指标上都表现不俗，这与我们设计的指标体系有关。

表6-34　　　　　　　　　中国元宇宙平台量化指标分析

平台	指标					
	流通方式	登录方式	热度	藏品市值	流通量	销毁量
Edge	2	2	315448	2.27	1034084	4708107.91
Ibox	2	2	158285	7.68	2491242	6572001
Hotdog	2	2	34006	2.89	830666	876655
幻藏	2	2	6842.59	1.93	911387	1086020
鲸探	1	2	2000	2.27	1034084	4708107.91

在表 6-35 可以看到：在一众元宇宙公司中，流通方式的平均值和标准差分别为 1.14 和 0.739；登录方式的平均值和标准差分别为 1.12 和 0.7；热度的平均值和标准差分别为 12932.495 和 36048.58；藏品市值的平均值和标准差分别为 2.267 和 0.829；流通量的平均值和标准差分别为 1043128.7 和 464439.3；销毁量的平均值和标准差则分别为 4708107.9 和 3875126。

表6-35　　　　　　　　　元宇宙平台统计描述分析

指标	平均值	标准差	峰度	偏度
流通方式	1.14	0.738822	-1.12538	-0.22928
登录方式	1.12	0.700361	-0.92977	-0.16965

续表

指标	平均值	标准差	峰度	偏度
热度	12932.495	36048.58	53.57762	6.986793
藏品市值	2.2673333	0.829149	27.65716	4.07199
流通量	1043128.7	464439.3	54.02131	6.246342
销毁量	4708107.9	3875126	79.96261	8.369951

如表6-36可以看出，流通方式在指标评价体系中的权重值为0.1646，排名第二；登录方式的权重值为0.151，排名第三；热度的权重值为0.5973，排名第一；藏品市值的权重值为0.0334，排名第五；流通量的权重值为0.0478，排名第四；销毁量的权重值为0.0059，排名第六。

表6-36　　　　　　　　　　元宇宙指标体系分析表

指标	权重值	权重排序
流通方式	0.1646	2
登录方式	0.151	3
热度	0.5973	1
藏品市值	0.0334	5
流通量	0.0478	4
销毁量	0.0059	6

在图6-19中，可以清楚地发现热度值是在这个指标体系中权重最大的指标，权重达到了59.73%，接近六成。流通方式是排名第二的指标，然后是登录方式，登录方式是元宇宙界面友好的重要评价指标。

（2）结果分析。

艾媒咨询数据显示，2022年，数字藏品行业新成立的企业数量为 64 家，截至 2022 年 7 月 11 日，总数量达 227 家。2020 年 5 月，数字藏品规模达到 14739.8 万元。大量数字藏品平台开始涌现，数藏平台之间既存在上链技术垄断市场，又在 IP 塑造及藏品的发行方面存在一定的竞争。

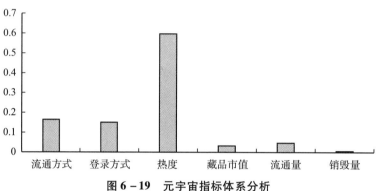

图 6-19　元宇宙指标体系分析

首先，在垄断竞争的假定条件下，国内数字产品研发者与提供商分别推出包括至信链、百度超级链、蚂蚁链、BSN、树图链在内的一系列联盟链，基于智能合约等共识机制掌握着数字平台的数据入口和基础算法，平台方掌握着数字藏品的定价与发行规则，且平台没有二级市场，没有平台之间的数字藏品的流通，流通范围仅限于平台独立的数藏平台，目前数字平台在 IP 打造和产品上架方面收费不一，目前核心有三种模式：第一种模式是纯收取铸造上链费用，费用从 3 万~20 万元不等，甚至有一些大平台会报价到 40 万~50 万元（其中包括上链的费用是 20 万元和采买站内的广告资源包 20 万~30 万元）；第二种模式是固定的铸造上链费用加销售分成模式；第三种模式是纯销售分成模式。在三种模式中，我们可以发现数藏平台的多样化竞争。国内数藏平台在进行 IP 上链过程中会在 IP 的销售分成上收取 30%~70% 的费用。国内头部大厂的数藏平台正依靠技术和广告营销不断拉动国内元宇宙业态的发展，他们依靠丰厚的资本技术，初步掌握了元宇宙创作者经济下 IP 营销的话语权和规则权，未来还有可能进一步影响元宇宙生态构建的数据确权规则，各家元宇宙数字藏品发售平台之间的竞争态势决定元宇宙生态的相对封闭性，基于创作者为主题的去中心化发展体系短期内较难实现。在数字藏品的竞争相对程度上有利于行业业态的摸索。

其次，科技企业之间不存在区块链之间的价值交换，国内公司如字节跳动、腾讯、百度、阿里巴巴等，均建立了基于数字文化内容场景的生态服务平台。例如，百度拥有自主研发的区块链底层技术等多项领先技术，但是元宇宙处于发展的萌芽阶段，缺乏统一的治理和监管规范，这些头部公司各自为政，成为元宇宙经济的"中心化机构"，造成整体开发成本过高，社会总体投入生产资料的浪费，以及治理成本的上升。从 web 3.0 平台间操作性协议来看，元宇宙的核心愿景是用户可以实现公链上的价值自由传递，虚拟世界必须实现相互操作性，而目前，头部大厂创作平台均维持着独立的元宇宙生态运行体系，无法实现资源的共享与数据信息的自由流动。行业垄断雏形初显。

再次，元宇宙经济正在成为资本短期套利的切口，元宇宙与实体经济结合的技术落地仍然面临很多挑战，产业生态发展有待完善，不少投机分子炒作"虚拟地块""元宇宙融资"等概念风口，获取更多的资本短期套利。本书就是在现在的市场背景下开展元宇宙数字藏品平台的市场动态化研究。

最后，在创作经济下，元宇宙平台博弈后，市场形成了"垄断竞争"的局面（见表6-37）。

表6-37 元宇宙公司综合评价及其品牌形成模式汇总表

类别	元宇宙企业	适用模式
第一类	Edge、iBox、央数藏、数藏中国、HOTDOG、42VERSE、稀象、zTag、加密空间、超维空间、幻藏艺术平台、七级宇宙、数藏九州、诺坊体数字藏品	基于消费者偏好模式、基于企业价值链模式

类别	元宇宙企业	适用模式
第二类	唯一艺术、斑马中国、首派科技、元本空间、ADA元宇宙、乐享艺术、秦宇宙、合自文创、草方格(Square)、诺亚数商、女娲(NVWA)、SKY数字版权、良选数字、DAO藏、蓝猫数字、矢量磁场、优版权、阿里拍卖、小度寻宇、Hi元宇宙、洞壹元典、鲅物、腾讯动漫、支付宝、天猫数字藏品、头号藏品、鲸探、星舟元宇宙、NFTCN、Art meta元艺数、银核数藏、鹤巢文化、Umxart、希壤、新华网、沸寂、灵稀、芒果TV、R-数字藏品、网易星球、凰家艺品	基于消费者偏好模式、顾客感知价值模式、基于企业价值链模式
第三类	星昼、光明艺品、光明数藏、元视觉、雪崩、文博元宇宙、头号藏家平台(Topholder)、第五境面、西湖一号、观澜、乾坤数藏、ODin元宇宙、瞬元Simeta、东方易犬、虚猕数藏、Meta彼岸、一千河、光笺、得月艺术、灵境藏品	顾客感知价值模式、基于企业价值链模式
第四类	UTONMOS、星际口袋、数字猫、豹豹青春宇宙、淘票票、中藏数字、中科划痕、蟾宫Digital、红果数藏、海豹数藏、鲲寻数藏、丸卡、天工数藏、时藏、大国文博、天翼数藏、TME数字藏品、光链、红洞数藏、中体数藏、步星云、中古云博、灵境人民艺术馆、非同数艺	基于形象识别系统模式、顾客感知价值模式、基于企业价值链模式
第五类	一花(YIHUA)	基于形象识别系统模式

6.7.5 政策与建议

根据以上分析,本书对中国元宇宙企业的品牌形成模式有以下政策建议:

其一,针对第一类和第二类企业,在未来的发展可以基于消费者偏好模式、企业价值链模式和顾客感知价值模式进行品牌形成。消费者偏好模式则寓意着企业将着重于消费者的个人偏好,注重"差异化"和"量身订制",以此来满足不同群体的消费者之间的不同需求;企业价值链模式则侧重于企业自身,通过梳理企业基本活动和关键活动中成本产生的动因和联系,找到品牌塑造的途径,从而为企业实现独特的品牌塑造提供机会,以此在激烈的市场竞争中角逐并赢得一席之地。顾客感知价值模式注重顾客的感知价值。企业基于此模式需要投入一定程度的营销成本，同时予以相对高明的营销手法，让大众对企业自身企业文化和价值观有强烈的文化认同，提升元宇宙企业的品牌知名度。

其二，针对第三类企业，在未来的发展适用模式可以基于顾客感知价值模式或企业价值链模式。该类企业在指标评价体系中多个指标表现少有亮眼。因此需要基于顾客感知价值模式来提升品牌知名度，通过高端的营销手段强化顾客对企业的价值认同。基于企业价值链模式则更多地重视自身，通过挖掘自身发展的"原动力"让企业从内部发展壮大。

其三，针对第四类企业，未来发展模式可以基于形象识别系统模式来形成品牌。因其之前平庸的表现，在消费者看来印象模糊，形象识别系统模式有助于帮助企业宣扬所属行业的光明前景，在消费者中得到认同，形成先破后立的品牌发展局面。

第7章

典型区域的战略性新兴产业
统计监测研究

7.1 江西省战略性新兴产业转型升级研究现状

江西省作为内陆开放型经济试验区，是近年中部地区战略性新兴产业发展较为突出的省份，为深入实施工业强省战略，大力发展战略性新兴产业，加快提升江西省工业经济发展水平，2016 年 8 月江西省政府制定了《江西省战略性新兴产业倍增计划（2016—2020年）》。该计划突出重点、强化举措，力争实现战略性新兴产业"三个倍增"。

（1）总体规模倍增。战略性新兴产业发展速度进一步加快，创新能力不断增强，产业布局更加合理，集约发展水平明显提高，重点领域实现重大突破，成为引领、带动全省工业转型升级的重要力量。到 2020 年，战略性新兴产业主营业务收入突破万亿元，占全省工业比重力争达到 30% 以上。

（2）龙头企业倍增。骨干龙头企业实现质量、效益全面提升，带动作用进一步增强，在引领行业发展方向、提高产业发展水平、抢占未来发展制高点、探索发展新业态等方面成为排头兵和领跑者。到 2020 年，培育战略性新兴产业超百亿骨干龙头企业 20 家以上。

（3）示范基地倍增。示范基地辐射支撑能力进一步增强，在提高自主创新能力、延伸壮大产业链条和促进中小企业集聚化、专业化、高端化发展等方面的作用更加突出。到 2020 年，建设 20 个战略性新兴产业集聚区，单个产业集聚区的产业链上下游企业主营业务收入达到 1000 亿元。

7.1.1　江西省战略性新兴产业现状

（1）产业规模不断扩大。

江西省战略性新兴产业稳中向好发展，其工业增加值、主营业务收入和利润总额均保持高速增长的趋势。2017 年第一季度，战略性新兴产业总产值 2402.2 亿元，工业增加值 500 亿元，同比增长 11.0%。相较于 2014 年战略性新兴产业工业增加值 1097.5 亿元，同比增长 11.6%，2015 年工业增加值 499.8 亿元，同比增长 6.7%，具有较大幅度增长，2017 年第一季度开局良好。近三年来，战略性新兴产业突出，规模迅速扩大，其中有七大战略性新兴产业的主营业务收入已超过千万亿元。开发了一批拥有自主知识产权的新产品，打造了一批掌握关键核心技术、市场需求前景好、带动系数大、综合效益好的新兴产业链，培育了一批具有国际市场开拓能力的创新型骨干龙头企业，建成了一批专业化的国家级或省级战略性新兴产业基地。

（2）产业竞争力提升。

一方面，形成了具有层次性和梯度式的产业发展格局，新材料兼具规模及资源优势，实现了其工业增加值、主营业务收入位于十大产业的前列，为江西经济腾飞注入活力。生物产业规模处于中上水平，中药材远销全国各地，产业规模排在全国前列。作为江西战略性新兴产业所特有的文化创意产业，它将江西丰富的旅游资源相融合，在创新江西旅游发展的同时，传承江西文化，进一步助推江西精准扶贫，提升产业竞争力。

另一方面，全省各地区政府对战略性新兴产业发展提供政策支持，产业竞争力如虎添翼。新余市在支持生物产业发展方面给予税收减免或提供政府补贴，注重现在医药技术的攻关和研发，重点扶持生物医药项目。赣州市出台十项措施支持稀土材料的研发和应用，同时也出台限制稀土材料出口政策。宜春市将重点放在新能源汽车的应用和推广上，以实施价格补贴、完善基础设施、创新管理方式等政策措施推动新能源汽车产业发展。

7.1.2 战略性新兴产业转型升级研究现状

国内研究学者近年对区域经济发展模式的研究成果颇丰，胡平、吴志平（2002）以国外高新技术助力传统产业改造升级的研究为立足点，对其进行分析总结，为我国地区经济高效发展及传统产业如何转型升级提供了理论参考。张银银（2013）以创新驱动为关键点，分析了传统产业向战略性新兴产业转型升级的过程，指出创新驱动产业转型升级的重要性，并提出了转型升级的有效路径。徐寅杰和郑健壮（2012）从产业转型升级的几个方面出发，较为详细地分析了产业转型升级的具体方向和路径。王肇英（2012）在研究企业如何选择转型升级模式方面，通过对转型升级模式的横纵向对比及优劣评判，指出其最佳发展模式。唐辉亮、张春玲（2018）将研究方向聚焦产业转型升级水平测度的数据整理和分析，为江西省11个市产业转型提供了优化对策。透过国内外学者的研究可以发现，数据新动能日益成为研究分析的对象，是助力经济高速发展的重要尺度。目前，江西省11个地级市均处于转型升级的过程中，各地区产业环境、发展水平和转型升级速度存在较明显的差异，这表明各地级市独特的经济环境并不能套用统一的产业转型模式，各地市最大效能化的产业状态是促进江西省经济发展的内生动力。

　　江西省战略性新兴产业转型升级面临瓶颈，本书以江西省战略性新兴产业的转型升级作为统计监测的对象，对江西省各地级市发展战略性新兴产业的发展模式进行研究，以期找到实现产业结构优化与创新驱动发展的产业转型升级方式。近年来，虽然有关产业转型路径有不少探索，但对江西省的产业发展模式的研究与探索还是不够全面的。所以本书在各学者的相关学术研究基础上，对江西省 11 个市间产业转型模式的相关数据进行了较为详细的分析汇总，在产业结构调整和数据新动能深入发展的背景下利用各项经济指标间的数据，建立合适的统计模型，分析了江西省实际情况，为江西省各地级市的战略性新兴产业转型升级和经济发展提供了数据支撑。

7.2　研究方法及思路

7.2.1　熵权 TOPSIS

本研究使用的方法是熵权 TOPSIS 方法。

7.2.2　指标体系构建依据

　　由于衡量经济发展的指标体系层次多，产业转型升级是一个系统工程，以及各地区产业转型环境与发展水平存在差异，各学者选取的指标有所不同。

　　国内研究者唐辉亮、张春玲（2018）对江西省总体的产业转型升级的速率和方向及其优化对策进行了研究分析。施永（2018）则通过构建转型升级系数模型对江西省 1995～2017 年的产业转型升级水平进行了测度。曾刚（2019）选取了高新技术企业数、研发经费支出、专利申请数等创新指标对生态文明的发展模式及区域的发展途径进行测度；管永芬、包悦（2019）选取了 GDP、固定资产投资总额、三废综合利用产品产值、单位 GDP 能耗等指标来综合评价一地区的经济发展情况；王肇英（2012）选取了企业人力资源开发能力、企业的管理与创新能力、企业转型升级的愿望等能力层次结构因素进行分析；周昌林、魏建良、施勇（2007）选取了产业转型升级水平系数、实际劳动生产率、实际增加值、就业人数等指标进行测度。

因此，本研究在借鉴上述专家采纳的指标基础上，把握研究的目标和方向，选取了技术创新能力、经济效益、资源利用与环境污染这四个对产业转型升级至关重要的目标层（如图 7-1 所示），以 2005~2018 年江西省 11 个地级市的上市公司数、科学支出、规模以上工业增加值等 15 个指标作为研究对象构建了指标体系（如表 7-1 所示）。

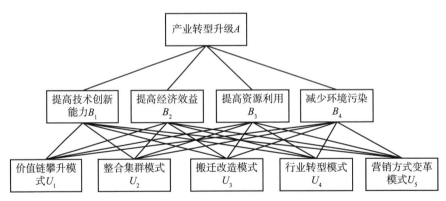

图 7-1　江西各地级市战略性新兴产业转型升级模式评价指标体系与模式结构

表 7-1　江西地级市战略性新兴产业转型升级模式评价指标体系

目标层	指标层
技术创新能力（B_1）	上市公司数（C_1）
	科学支出（C_2）
	规模以上工业企业主营业务收入（C_3）

续表

目标层	指标层
经济效益（B_2）	GDP（C_4）
	人均 GDP（C_5）
	第二产业比重（C_6）
	实际利用外资（C_7）
	进出口总额（C_8）
	GDP 增长率（C_9）
资源利用（B_3）	单位 GDP 电耗（C_{10}）
	单位 GDP 水耗（C_{11}）
环境污染（B_4）	工业烟（粉）尘排放量（C_{12}）
	污水处理厂集中处理率（C_{13}）
	工业固体废弃物综合利用率（C_{14}）
	建成区绿化覆盖率（C_{15}）

本指标体系是用来衡量各战略性新兴产业转型指标占经济发展的权重，由于 2005 年、2006 年污水处理厂集中处理率数据缺失，出于替代性考虑，用各地级市的城镇污水集中处理率来替代这两年的各市污水处理厂集中处理率。

7.2.3　研究思路

基于上文提到的研究目的和目前针对此类数据的研究现状，本书提出如下研究思路。

先对产业转型升级模式进行分析，明确产业转型升级的目的及模式，再以 2005～2018 年江西省 11 个地级市企业的技术创新能力、经济效益、资源利用、环境污染为研究产业转型升级的目标层，选取科学支出（C_2）、上市公司数（C_1）等 15 个指标，将筛选并归一化和熵值法得到的数据构造分析矩阵，然后用 TOPSIS 评价模型得到各产业转型升级模式评价指数的权重和评价结果,分析各产业转型升级模式的效益,最后再根据熵权 TOPSIS 法对江西省 11 个地级市产业转型升级的得分赋值,得到不同地级市应采取的转型升级模式及采取该种模式的原因(见图 7 - 2)。

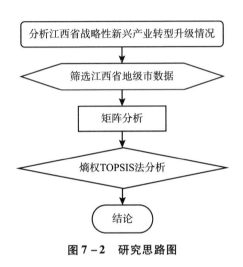

图 7 - 2　研究思路图

(1)产业转型升级模式分析。

表 7 - 2　　　　　　　　　　产业转型的目的及模式

目的	模式
提高企业的创新能力	价值链攀升模式
提高经济效益	整合集群模式
提高资源利用效率	搬迁改造模式
减少对环境污染	行业转型模式 营销方式变革模式

(2)数据筛选。

本研究对所采用的江西省 11 个地级市相关数据进行筛选后,先用极差法对数据进行标准化处理，具体操作如下：

$$\text{正向指标：} W_i = \frac{X_i - X_{\min}}{X_{\max} - X_{\min}}$$

$$\text{逆向指标：} W_i = \frac{X_{\max} - X_i}{X_{\max} - X_{\min}}$$

式中：W_i 为经标准化后得到的标准值；X_i 为各指标的原始数值；$X_{\max}$、$X_{\min}$ 表示样本的最大值和最小值。本文的正向指标有上市公司数（C_1）、进出口总额（C_8）、建成区绿化覆盖率（C_{15}）等12个指标，逆向指标有单位 GDP 电耗（C_{10}）、单位 GDP 水耗（C_{11}）和工业烟（粉）尘排放量（C_{12}）共3个指标。在对初始数据进行标准化处理后，数据的稳定性和可信度提升，整体趋于稳定，再对数据进行归一化处理，具体操作如下：

$$G = \frac{W_i}{\sum_{i=1}^{n} W_i}$$

（3）构造分析矩阵。

由归一化可以得到15个指标各年份的数据，根据熵值法确定指标的权重，将权重结果构造分析矩阵。

经过熵值法计算，得各年份指标对目标层的权重分析矩阵如表7－3、表7－4所示。

表7－3　　　　　　　　2005～2011年各指标对目标层的权重

指标	2005 年	2006 年	2007 年	2008 年	2009 年	2010 年	2011 年
C_1	0. 1466	0. 1364	0. 1235	0. 1352	0. 1396	0. 1614	0. 1870
C_2	0. 0528	0. 0379	0. 1603	0. 1107	0. 1212	0. 0764	0. 0666
C_3	0. 0736	0. 0775	0. 0674	0. 0608	0. 0792	0. 0653	0. 0681
C_4	0. 0678	0. 0612	0. 0762	0. 0676	0. 0801	0. 0753	0. 0830
C_5	0. 0996	0. 0903	0. 0790	0. 0884	0. 0973	0. 1058	0. 1146
C_6	0. 0509	0. 0417	0. 0401	0. 0380	0. 0344	0. 0352	0. 0386

续表

指标	2005 年	2006 年	2007 年	2008 年	2009 年	2010 年	2011 年
C_7	0.1207	0.1081	0.1145	0.0900	0.1183	0.1260	0.1100
C_8	0.1331	0.1363	0.1288	0.1279	0.0998	0.0991	0.0911
C_9	0.0504	0.1168	0.0683	0.0332	0.0246	0.0656	0.0596
C_{10}	0.0218	0.0199	0.0172	0.0660	0.0227	0.0268	0.0257
C_{11}	0.0240	0.0257	0.0212	0.0572	0.0380	0.0248	0.0250
C_{12}	0.0365	0.0504	0.0479	0.0376	0.0373	0.0550	0.0265
C_{13}	0.0365	0.0254	0.0229	0.0279	0.0293	0.0206	0.0264
C_{14}	0.0365	0.0254	0.0085	0.0307	0.0256	0.0201	0.0241
C_{15}	0.0492	0.0470	0.0242	0.0288	0.0528	0.0427	0.0537

表 7 – 4 　　　　　　　　2012 ~ 2018 年各指标对目标层的权重

指标	2012 年	2013 年	2014 年	2015 年	2016 年	2017 年	2018 年	均值
C_1	0.1578	0.2346	0.1289	0.1420	0.1737	0.1348	0.1401	0.1530
C_2	0.0677	0.0493	0.0481	0.0797	0.0754	0.1064	0.0796	0.0809
C_3	0.0707	0.0611	0.0533	0.0638	0.0731	0.0762	0.0754	0.0690
C_4	0.0841	0.0804	0.0784	0.0905	0.1012	0.0943	0.1089	0.0821
C_5	0.1097	0.0921	0.0862	0.0978	0.1135	0.0936	0.1158	0.0988
C_6	0.0340	0.0310	0.0556	0.0339	0.0423	0.0352	0.0454	0.0397
C_7	0.1237	0.1215	0.1141	0.1060	0.1208	0.1142	0.1092	0.1141
C_8	0.1066	0.0962	0.0758	0.0837	0.0730	0.0576	0.0733	0.0987
C_9	0.0335	0.0222	0.0414	0.0709	0.0721	0.0307	0.0541	0.0531
C_{10}	0.0355	0.0398	0.0869	0.0232	0.0026	0.0377	0.0442	0.0336
C_{11}	0.0238	0.0210	0.0212	0.0267	0.0286	0.0366	0.0326	0.0290
C_{12}	0.0331	0.0474	0.0374	0.0495	0.0277	0.0364	0.0374	0.0400
C_{13}	0.0250	0.0221	0.0760	0.0542	0.0311	0.0248	0.0336	0.0326
C_{14}	0.0253	0.0234	0.0200	0.0222	0.0264	0.0304	0.0236	0.0244
C_{15}	0.0695	0.0579	0.0766	0.0560	0.0385	0.0911	0.0269	0.0511

通过分析矩阵中熵值法的计算结果可以看出 C_1、C_7、C_8 这三个指标的权重比较大，而它们对于产业转型升级也是至关重要的，因此，在相应的目标层中，C_1、C_7、C_8 对产业转型升级的权重比较大；然而在环境污染目标层中，C_{13}、C_{14} 等指标的权重都比较小，因此对产业转型升级的效力就也比较小。

7.3 战略性新兴产业转型升级结果分析

7.3.1 战略性新兴产业的统计描述

（1）目标层对产业转型升级的权重。

通过分析矩阵中各指标的权重及其所属的目标层，加总由熵值法计算出的结果得到各年份技术创新能力（$C_1 \sim C_3$）、经济效益（$C_4 \sim C_9$）、资源利用（$C_{10} \sim C_{11}$）和环境污染（$C_{12} \sim C_{15}$）对产业转型升级的权重，以便为产业转型升级模式评价指数的权重和评价结果提供数据支撑。

从表 7 - 5 可以看出经济效益对产业转型升级的影响是最大的，它的权重在 0.5 上下波动，对产业转型升级的作用是十分显著的，其次是技术创新能力和环境污染，技术创新能力的权重在 0.2 ~ 0.35 浮动，环境污染的权重在 0.1 ~ 0.21 浮动，而资源利用相对其他目标层而言产生的影响力较小，它的权重大多数都在 0.1 以下。

表 7 - 5　　　　　　　　　2005 ~ 2018 年各年份目标层权重

年份	技术创新能力	经济效益	资源利用	环境污染
2005	0.2730	0.5225	0.0458	0.1587
2006	0.2518	0.5544	0.0456	0.1482

续表

年份	技术创新能力	经济效益	资源利用	环境污染
2007	0.3512	0.5069	0.0384	0.1035
2008	0.3067	0.4451	0.1232	0.1250
2009	0.3400	0.4545	0.0607	0.1450
2010	0.3031	0.5070	0.0516	0.1384
2011	0.3217	0.4969	0.0507	0.1307
2012	0.2962	0.4916	0.0593	0.1529
2013	0.3450	0.4434	0.0608	0.1508
2014	0.2303	0.4515	0.1081	0.2100
2015	0.2855	0.4828	0.0499	0.1819
2016	0.3222	0.5229	0.0312	0.1237
2017	0.3174	0.4256	0.0743	0.1827
2018	0.2951	0.5067	0.0768	0.1215
均值	0.3028	0.4866	0.0626	0.1481

（2）转型升级模式评价指数的权重和结果。

由于产业转型升级模式是技术创新能力、资源利用及环境污染等各方面因素共同作用而形成的，所以通过表7-5的数据，利用TOPSIS法可以得到转型升级模式评价指数的权重和结果（如表7-6所示）。

表7-6　　　产业转型升级各评价指数的权重（14年平均）

模式	技术创新能力	经济效益	资源利用	环境污染
价值链攀升模式	0.0820	0.1519	0.3933	0.3728
整合集群模式	0.2923	0.1915	0.4189	0.0973
搬迁改造模式	0.0612	0.1029	0.3493	0.4866
行业转型模式	0.0063	0.1958	0.1037	0.2077
营销方式变革模式	0.0148	0.1615	0.4263	0.3974

由这 14 年平均产业转型升级平均指数的权重可以得到 14 年平均产业转型升级评价结果（如表 7 - 7 所示），其中综合值越小，说明采用该种产业转型升级模式的效果就越好。由表 7 - 7 的平均综合值可以看出采用整合集群模式数值为 2. 3548，是这五种模式下的最小值，故它对产业转型升级的效果最好，其次是行业转型模式、价值链攀升模式和营销方式变革模式，它们的数值都超过了 3.0；搬迁改造模式的综合值最大，达到了 3. 5860，所以不是江西省 11 个地级市首选的产业转型升级方案模式。

表 7 - 7　　　　　产业转型升级评价结果（14 年平均）

价值链攀升模式	整合集群模式	搬迁改造模式	行业转型模式	营销方式变革模式
3. 3167	2. 3548	3. 5860	3. 0512	3. 3590

除去搬迁改造模式，剩余四种模式的评价排序为：整合集群模式 > 行业转型模式 > 价值链攀升模式 > 营销方式变革模式，但对于具体地级市对转型升级模式的选择，还要依据各地市的发展情况，再采用熵权 TOPSIS 法，对各地级市不同年份适宜采取的转型升级模式进行权重分析，找出不同地市的适宜发展模式。

7.3.2　江西各地市适合发展的战略性新兴产业转型升级模式

产业转型升级是推动经济高速、高质量发展的环节，对于如何选取恰当的发展模式，是本书研究的重点及最终目标。经分析不同年份相应地级市的指标数据，得到了各地级市产业转型升级指标的描述性数值，以便更好地测算各地市的综合得分，从而确定契合各地的发展模式。出于数据时效性的考虑，本研究从 2005 ~ 2018 年这 14 年的得分数据中，选取 2018 年最新年份的数值，根据各地的实际发展水平，来评判各地市应采取的产业转型升级模式如表7－8所示。

2018 年江西各地级市得分数据

地级市	分值
南昌市	0.9315
赣州市	0.3340
九江市	0.3195
新余市	0.2883
鹰潭市	0.2482
宜春市	0.2402
上饶市	0.2369
吉安市	0.2066
景德镇市	0.1849
萍乡市	0.1498
抚州市	0.1272

从表7－8可以发现，南昌市是江西省得分最高的城市，达到了0.9315，远高于其他10个地级市，赣州市和九江市的得分都超过了0.3，这与赣州和九江的城市发展水平是有很大关系的，它们作为江西的南大门与北大门，有着较好的政策支持和比较完整的产业基础，因此在省内的产业转型升级水平是排在前列的。

新余市、鹰潭市、宜春市、上饶市和吉安市尽管经济生产总值落后于赣州市和九江市，但依托新能源、矿产等资源优势和特色产业基地的建设，产业转型升级的得分也都超过了0.2，这启示各地要依托自身优势，充分挖掘促进产业发展的动能，加快产业转型升级，不断增强自身综合实力。

得分值排在最后的三个城市分别是景德镇市、萍乡市和抚州市，它们的得分都低于0.2，表明这些地区的产业转型水平落后于其他地区。

由图 7-3 更能清晰地看出：在整体上，各城市的得分值与其发展状况都是相适应的，表明依托熵权 TOPSIS 法对江西各城市产业转型升级模式的评价取得的得分综合值是符合江西产业发展和经济发展的实际情况的，依据评价模型的综合得分数据来确定江西不同地市的发展模式是客观的、合理的。

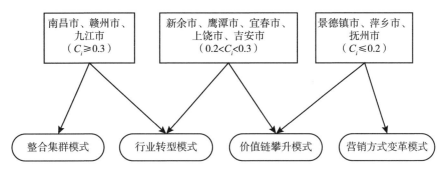

图 7-3　各地级市战略性新兴产业转型升级模式的选择

按照得分值 C_i 的大小，本研究从不同产业转型升级模式对城市发展效果的优劣，将 11 个地级市应当选用的转型模式分为三类。

第一类：$C_i \geqslant 0.3$，包括南昌市、赣州市和九江市这 3 个地级市，这些地市处于经济领先的地位，因此采取效益较优的转型升级模式可以促进各方面的发展，由产业转型升级评价结果可知评分较高的两种模式是整合集群模式和行业转型模式。

第二类：$0.2 < C_i < 0.3$，包括新余市、鹰潭市、宜春市、上饶市和吉安市这 5 个地级市。新余市、吉安市和鹰潭市矿产资源丰富，可以在以装备制造业为主的发展基础上发展新能源、新动力，促进产业效益的提升；宜春市和上饶市地理位置较好，依托交通和人口数量的优势促进经济发展，所以该区域采用行业转型模式和价值链攀升模式。

第三类：$C_i \leqslant 0.2$，包含景德镇市、萍乡市和抚州市这 3 个地级市，由于它们的工业发展水平处于相对落后的状态，各产业之间的联系程度也不大，从而采取整合集群模式并不能取得太大效益，故这3个地级市应当选择价值链攀升模式和营销方式变革模式。

7.4 结论与政策建议

7.4.1 结论

本研究采取熵权TOPSIS模型得出转型升级评价指数权重和评价结果，从结果可以看出契合江西省地级市战略性新兴产业转型升级模式由优到劣的排序为：整合集群模式 > 行业转型模式 > 价值链攀升模式 > 营销方式变革模式 > 搬迁改造模式。但这并不能得出江西省11个地级市都应当采取整合集群模式，还需要根据各地实际发展状况作出选择。对各地级市不同年份适宜采取的转型升级模式进行得分评判分析，根据2018年最新年份的得分值，得到不同城市的适宜发展模式。评判标准为：

$C_i \geqslant 0.3$：选择整合集群模式和行业转型模式

$0.2 < C_i < 0.3$：选择行业转型模式和价值链攀升模式

$C_i \leqslant 0.2$：选择价值链攀升模式和营销方式变革模式

根据评价标准得出了江西省各地级市最优的产业转型升级发展模式：南昌市、赣州市、九江市选择整合集群模式和行业转型模式；新余市、鹰潭市、宜春市、上饶市和吉安市适用于行业转型模式和价值链攀升模式；景德镇市、萍乡市和抚州市这三市宜采用价值攀升模式和营销方式变革模式。

7.4.2 政策建议

战略性新兴产业转型升级的关键在于从低端价值链走向中高端价

值链，提升要素生产率和劳动生产率。江西省可以应用下面的措施来助推产业转型升级。

第一，利用优势资源，做大做强特殊产业链，加强科技创新能力，不断引进配套设施，集聚上、下游企业，打造新兴产业群。江西省目前第二产业依然是经济发展的重要支撑，但是资源带动经济的发展路径不能持续，存在资源枯竭、环境恶化、经济效率低等问题。要加快探索"改造旧动能，创新催生新动能"的新路子，发展数字化、信息化新产业，推动传统产业转型升级。

第二，加强新兴产业的凝聚力和竞争力，一方面，要加大技改投入，持续加强品牌建设，积极拥抱物联网、互联网、大数据等新技术，利用信息优势加快动能转换；另一方面，加大研发投入力度，引进人才，加强人才培训，挖掘人才潜能，激活人才活力，最大限度发挥人才对创新引领作用。

第三，政府要紧抓时代产业转移的新机遇，出台减税免税、贷款贴息等政策、加大政府补贴力度，吸引科技型企业落户，助推本地产业的转型升级；采取"市领导牵头、专班推进结合智库支持和协会搭台"的模式推动产业发展，明确各部门责任，对高新技术企业的引进和培育提供更多、更有效的指导和支持。

第四，优化营商环境，政府要根据产业转型的实际需要发挥"服务中心、行业中介"的作用，以企业需求为导向，提供强有力的信息支持和政策保护，创新方式方法，确保政策红利直接惠及市场主体。

第五，把可持续发展战略纳入规划重点，加强废弃物再利用，重视环境与生态的保护，在转型升级过程中从当地实际情况出发，引导资本向适合本地发展的新兴产业流动。

第8章

研究结论与政策建议

8.1　研 究 结 论

笔者通过阅读大量"中国制造2025"和战略性新兴产业的国内外文献，探究国内外研究需要进一步深入展开研究与完善之处。本书首先引入了熵权TOPSIS模型构建了战略性新兴产业监测的评价指标体系，对中国战略性新兴产业的发展状况进行了系统性的效率监测和评价，对中国战略性新兴产业发展的区域差异进行了比较研究；其次，在此基础之上，探究了战略性新兴产业动态演变及其趋势预测；最后，从培育路径和国内产业高质量发展两个层面剖析"中国制造2025"对战略性新兴产业的培育作用。

8.1.1　"中国制造2025"培育战略性新兴产业的路径分析

政府干预路径方面，本书从两个角度看政府干预：第一，从微观企业角度，中国较多的国有控股企业通过剥离出原国有企业的优质资产进行分拆上市，剩余的非优质资产给当地政府带来了较大的债务、税收、就业和稳定等负面影响，但是当地政府通过定向增发注入盈利性较好的国有控股上市公司，如此，非优质资产通过注入上市公司就得以改善其经营绩效，盘活了非优质资产。第二，从宏观产业角度，政府干预主要通过融资渠道、投资平台、建设市场和市场补贴等手段对战略性新兴产业进行推动，中国政府的"有为"促进了战略性新兴产业的协同发展。研究发现，由于战略性新兴产业本身的特点，融资渠道、劳动力、投资平台等干预比政府的政策有更为显著的作用。要素集聚路径方面，"中国制造2025"培育战略性新兴产业的基本要素，"中国制造2025"的培育机制包含政府、科技、人才、市场、资本、研发投入、生态、品牌、风险等要素，中国政府通过一系列政策措施，如财政支持、税收优惠和专项资金等，吸引和扶持战略性新兴产业的发展；中国着力加强基础研究和应用研究，提高自主创新能力，推动技术进步和产业升级；注重人才培养，加强高等教育、科研机构和企业之间的合作互动，培养大量高素质专业人才。技术依赖路径方面，"中国制造2025"在技术上的重大突破是培育了战略性新兴产业。不同发展阶段，技术路径依赖特征也有所不同。邻近性技术路径创造具有路径依赖特征，但其对路径的依赖弱于维持阶段。突破性技术路径创造则不依赖于本地知识基础和能力的制约，具有随机偶然性。然而，在一个城市已经取得突破性技术路径创造后，其发展需要同本地的知识基础进行融合发展，以维持技术比较优势。

本研究优化后的培育路径：需求侧导向培育路径和价值驱动培育路径。需求侧导向培育路径将市场需求作为战略性新兴产业发展的重要依托，积极推动技术和市场的融合，满足消费者多样化需求；政府鼓励社会力量参与战略性新兴产业的投资和发展，吸引国内外大量资本进入相关领域；政府鼓励企业、高校和科研机构之间进行产学研合作，促进技术创新和产业升级；政府注重生态环境的保护和治理，推动战略性新兴产业向绿色、低碳方向发展，实现可持续发展；政府鼓励企业注重品牌建设，提高竞争力和附加值，推动战略性新兴产业走向国际市场，打造"中国制造"品牌形象；政府通过设立风险投资基金等方式，为战略性新兴产业提供必要的资金支持，帮助企业突破技术和资本难关。价值驱动培育路径方面，战略性新兴产业协同发展的路径是价值链、知识链、物联网、社会网等要素在不同的区域、行业组合成三种协同发展路径，同时形成协同发展的单核、多核和星形模式，在新形势下关联战略性新兴产业共同面向终端市场，为消费者提供综合价值体验。

"中国制造2025"对战略性新兴产业的培育旨在从一个更宏观、更鸟瞰、更中枢的培育方式，保证战略性新兴产业间的均衡发展，也保证区域之间共性研究和纵向思维。结果分析强调"中国制造2025"对战略性新兴产业的培育是一个整体，而不是零散的。要素培育路径体现的是系统性思维培育路径，是对战略性新兴产业进行异质性培育。

8.1.2 "中国制造2025"培育战略性新兴产业的统计监测分析

（1）中国战略性新兴产业统计监测原理。

中国战略性新兴产业统计监测的实施路径：从疑因估计出发进行要素筛选，到仔细检查进行数据诊断，接下来进行征兆鉴别并持续监测，再到发现新的疑因估计要素，进而实现动态循环统计监测的过程。统计监测的实施可为实现中国战略性新兴产业的高质量跨越式发展提供坚实的基础和依据。中国战略性新兴产业的统计监测是系统性、动态性、科学性的综合过程，通过监测对中国战略性新兴产业潜在的风险、将来的风险、可测度的风险、不可测度的风险进行研判分析。

（2）中国战略性新兴产业经济效率的统计监测研究。

从整体上看，电车制造产业是排第一位的，低速载货汽车制造、有色金属铸造、雷达及配套设备制造、挂车制造、钟表与计时仪器制造分列其后。经济效率综合评价排在最后六位的分别为电子元件制造、基础化学原料制造、电子器件制造、通信设备制造、汽车零部件制造、汽车整车制造，综合评价整体上是符合客观实际的。按照最终 C 值的大小，本研究将 49 个战略性新兴产业分为四类。

第一类：$C \geq 0.98$，包括电车制造、低速载货汽车制造、有色金属铸造、雷达及配套设备制造、挂车制造和钟表与计时仪器制造等 6 个产业，其经济效率遥遥领先，经济效率极大超出了平均水平，这 6 个战略性新兴产业固定资产投资、科技人才投入、技术引进转化效率高，经济生产投入大、产出多，投入要素与产出之间呈指数型增长关系，产业和科研院所的合作成熟，形成了产学研用的机制，促成各种扶持政策、引进技术、技术人才转化为生产力，对经济的反馈是长效的、促进的。

第二类：$0.98 > C \geq 0.90$，此类包括中药饮品加工制造产业、兽用药品制造产业、印刷专用设备制造、废弃资源和废旧材料回收加工产业等 22 个战略性新兴产业。此类战略性新兴产业投入要素与产出要素成正比，投入要素初期呈现规模效应，后期经济产出十分平稳，其经济效率属于高水平。

第三类：$0.90 > C \geq 0.6$，此类包含通用仪器仪表制造、特种陶瓷制品制造、化学药品原料制造等 15 个战略性新兴产业，属于经济效率平均水平。这些战略性新兴产业中，有的产业要素投入少，经济效率在战略性新兴产业的地位不是很重要，导致经济效率水平一般。本研究发现经济产出和引进技术转化为生产力是这部分战略性新兴产业的瓶颈，导致其经济产出与其经济投入不相匹配。

第四类：$C < 0.6$，此类包含电子元件制造、基础化学原料制造、电子器件制造、通信设备制造、汽车零部件制造、汽车整车制造等 6 个战略性新兴产业，属于经济效率低，低水平经济效率。主要是由战略性新兴产业的固定资产投入少、研发资金不足、创新环境的缺失和科技人才的流失等原因导致。

从实证结果可以很清楚地看到电车制造与汽车零部件制造、汽车整车制造的断崖式发展差距，电车制造作为智能制造时代的先驱发展迅速，但是配套产业发展滞后，汽车零部件产业在 2010 ~ 2017 年，工业增加值增长了 10%，汽车整车制造产业工业增加值增长了 5%，发展略显滞后。但是这两个产业目前处于转型期，厚积薄发，在战略性新兴产业中，新能源汽车产业面向市场，科技集成，未来的新能源汽车将成为一个终端产品，如同今日的手机一样。在 5G 甚至未来的 6G 时代，借助区块链技术，汽车与汽车之间将形成车联网、与公司或者家形成物联网。这必将是统计监测分析未来的发展趋势和应用趋势。

（3）典型战略性新兴产业的统计监测研究。

我国新能源产业实现了从无到有的飞跃，但目前产业转型升级却面临瓶颈，越来越多的国家投身"碳达峰"和"碳中和"事业，要达到这个目标，应当把研究重点放在推动新能源产业的发展上，进一步促进新能源的使用。新能源产业要实现产业结构优化与创新驱动发展，必须在互联网数据的支撑下通过对各种经济指标的横纵向分析，才能逐一探究其适合的发展路径，因此利用数据新动能针对新能源产业的分析探索显得尤为重要。同时，新能源企业离不开政府补贴，政府补贴是新能源企业的"孵化器"，不同类型的新能源企业对政府补贴有不同的依赖性，针对不同的类型，应给予相应的政府补贴，才能让新能源产业蓬勃发展。本书在统一市场大格局下，利用与新能源产业密切联系的 12 个指标对我国 103 家新能源产业分布及发展路径进行分析，其中黔源电力、涪陵电力、长江电力、湖南发展、宁波能源、阳晨 B 股、华能国际、国投电力、大唐发电、深南电 A、廊坊发展、协鑫能科、文山电力等 13 家新能源企业属于新能源企业第一梯队，这类企业大多位于长三角上游、能源材料来源以传统材料为主的企业分布格局初步形成，黔源电力、涪陵电力等企业采取实质性创新和协同化创新两个发展路径。这些企业有着较好的政策支持和比较完整的产业基础，因此企业财务绩效水平是排在前列的。第二梯队新能源企业有富春环保、重庆水务、川能动力、深圳能源、国电电力、浙能电力、渤海股份、ST 浩源、国中水务等 9 家。该类企业采取协同化创新和策略性创新发展路径。第三梯队新能源企业甘肃电投、武汉控股等 30 家企业宜采取策略性创新和定制化创新发展路径。第四梯队新能源企业华通热力、深圳燃气等 49 家传统能源企业宜采用订制化创新和多元化发展路径，不局限在本身的主营业务，可尝试多元化、体系化、纵深化的发展路径。第五梯队的金山股份、祥龙电力宜采用多元化发展路径和绿色制造路径，降低能耗、降低碳排放、降低污染，让企业在公众面前恢复新能源的形象，取得主营业务的进一步发展。

（4）典型区域的战略性新兴产业统计监测研究。

以江西省为例，本书对区域战略性新兴产业发展状况进行了统计监测，本书对江西省战略性新兴产业的转型升级模式展开研究，利用 2005～2018 年连续 14 年江西省 11 个地级市的研发支出、第二产业比重、单位 GDP 水耗、建成区绿化覆盖率等指标建立科学合理的统计指标体系，然后运用熵权 TOPSIS 法确定各指标的权重，对五种转型升级模式构建模糊综合评价矩阵，研究发现：经济发展与产业升级受资源利用、环境效益等因素的制约，不同的产业转型升级模式带来的效益是不同的，其中效益最好的模式是整合集群模式和行业转型模式，南昌、赣州、九江、新余、鹰潭、宜春、上饶和吉安这 8 市采用整合集群模式效果较好；景德镇、萍乡和抚州这 3 市选择行业转型模式效益最高。

在江西战略性新兴产业发展上先行开展金融支持试点示范工作。首先，政策上以政府为主导扶持全省金融发展，同时也要吸引私募股权投融资基金、资产证券化业务落户江西。因地制宜利用地方金融优势为企业提供政策支持，形成产业发展与金融支持两者之间双向良性循环的良好态势。其次，大力支持企业创新发展，培育战略性新兴产业创新发展能力，建立一批有责任、有担当、有潜力的优秀企业，并积极推动上市。各产业、各市区建立创新创业培育基地，打造江西战略性新兴产业发展强省。最后，完善金融支持的各项政策、制度，积极探索金融支持战略性新兴产业发展新思路、新模式，推进江西战略性新兴产业之间协同发展。

大力推进赣州稀土和钨产业基地、新余光伏产业基地、南昌生物及航空产业基地、景德镇陶瓷新材料产业基地等一批国家级和省重点级产业示范基地建设。优化各市区产业发展环境，整合人才、技术、资金等优秀资源，推进关联企业集聚，同时将产业链向上下游延伸，提高战略性新兴产业集约发展水平。在具有一定规模、优势、创新能力的地区或工业园，加快布局具有特色的战略性新兴产业工业园，形成省级特色产业集群。在南昌、赣州、九江、上饶等城市，加快推进新能源汽车、光伏、半导体照明应用示范城市的建设，在人流量较大的公共场所、景区、道路交通等区域进行半导体照明的应用示范，促进半导体照明和光伏产业的快速发展。扩大开展新能源汽车推广示范工程，在各城市主要路段布局建设充足的新能源汽车充电桩，逐步实现新能源汽车共享。以省会南昌为重点，加快实施光纤、无线宽带多媒体接入系统示范工程，在全省范围内覆盖无线宽带网络，促进"三网融合"。加速"城市矿产"的开发利用，进一步提高资源利用效率，优化城镇污水处理系统和空气净化系统设施建设，实现绿色江西崛起。

（5）战略性新兴企业的统计监测研究。

本书以生物产业的华润医药作为案例，对战略性新兴产业的代表性企业进行了统计监测。整体而言，此次华润医药并购江中药业是一次较为成功的并购活动，并购后华润医药非处方药、功能性食品、保健品方面销售业务实现快速增长，海外业务水平和品牌价值也稳步增长，为自身战略扩张奠定了良好的基础，确保企业在全球化竞争中具有不可撼动的地位。此次并购活动加快了华润医药"智能医药"的战略布局，提升企业在智能医疗业务领域的竞争力，推进企业机器人业务的发展，符合华润医药战略发展方向，助力华润打造全球医药生态系统。

8.2　政 策 建 议

8.2.1　提高中国战略性新兴产业经济效率的政策建议

2021 年是"十四五"的开局之年，未来五年是打造数字经济优势、夯实智能制造基础的重要时期。中央高度重视我国的智能制造行业发展，政府和企业层面纷纷开始谋篇布局，希望通过数智技术提升制造业竞争水平，抢占未来科技和经济的发展制高点。当前我们正在步入工业 4.0 阶段，以 5G、人工智能、大数据、云计算、物联网、区块链等为代表的数智技术逐渐走向成熟，引领制造业再次升级，人与机器之间的交互从体力上的协同升级为脑力（决策）上的协同，从而迈向智能化生产阶段。政府对智能制造高度重视，不断出台相关政策支持企业进行数字化和智能化转型。在信息化大背景下，工业与信息化的融合，催生了新的工业发展形态。各主要工业国为此分别提出了各自的新型工业化战略：德国提出工业 4.0、美国提出先进制造业发展计划、日本提出工业价值链等。我国实施制造强国战略主题是促进制造业创新发展，中心是提质增效，主线是加快信息化和工业化深度融合，主攻方向是智能制造。"十四五"时期，将是工业互联网结合 5G、大数据、人工智能等新一代信息技术，加速推进制造业转型升级的关键阶段。为提高中国战略性新兴产业经济效率，本书提出以下几方面政策建议。

（1）以数据为驱动的生产柔性化。

柔性化生产的本质是对资源要素进行快速重构以响应新的制造需求，而智能制造系统将资源要素及其过程状态转化为数字化信息，并通过算法优化的方式对这些资源要素进行高效配置，从而实现以数据为驱动的柔性化生产。例如，在产品研发环节，企业实时获取终端用户交互数据，通过分析预测实现"以需定产"；在产品制造环节，通过物联网、传感器收集全生产过程的实时数据，并整合来自上、下游和用户的数据信息，传输到工业互联网数据平台，人工智能再依托数据进行智能分析，最终制定出最佳生产方案，并将指令传递至制造一线实现柔性化生产。柔性化生产在消费品制造领域的表现尤为明显，用户对于个人消费品的个性化定制需求日益增长，通过对下游消费领域的数据收集分析并进行智能化决策，产生与需求高度匹配的生产方案，自下而上逐级传导，从而带动整个产业链基于数据进行柔性化生产。

（2）以平台为支撑的工业互联化。

越来越多的产业龙头和互联网企业巨头都在加大工业互联网投入，除了加快自身数字化转型外，这些企业通过平台建设将各自关于智能制造的实践经验和能力禀赋开放赋能给同领域的中小企业，以及产业链上下游相关主体，形成对整个产业智能化升级的重要支撑。根据工信部统计数据显示，目前我国工业互联网已广泛应用于钢铁、工程机械、航空航天、家电、电力、港口、能源等多个行业，具有一定行业影响力的工业互联网平台超过 70 家，例如徐工信息的 Xrea 平台、海尔的卡奥斯 COSMOPlat 平台、用友软件的精智平台、中国电信的天翼云工业互联网平台、阿里云的 supET 平台等。这些平台汇聚共享了设计、生产、物流等通用资源，有效整合了产品研发、生产制造、运营管理和服务等数据资源，面向垂直领域内的中小企业提供"低成本、快部署、易运维和强安全"的轻量化应用，大幅降低使用门槛和智能化改造成本，加快中小企业数字化转型进程，从而实现平台上企业间的连接协同和数据共享，推动整体产业智能化升级进程。

（3）以用户为中心的智造服务化。

制造业和服务业的融合是智能制造发展的主要趋势之一。在智能制造视角下，嵌入数智技术的智能化产品，可以感知周边环境变化，并通过与用户、环境的不断交互，向企业平台自动回传运行数据和状态信息，结合智能化分析，企业可实时掌握产品使用情况和用户需求变化，并及时作出反应，主动为用户提供高附加值的服务体验，通过"硬件产品 + 软件系统 + 增值服务"模式来满足用户的个性化、多样化需求，创造全新的价值空间。

新冠疫情开始以来，制造业企业大都经历了生产中断、供应链断裂、复工复产的过程，加之全球贸易格局不稳定，供应链风险加大，企业运营成本上升而利润空间不断受到挤压，布局以智能制造驱动的制造业数字化转型成为各大企业的重中之重。对于制造业企业来说，实现智能制造有以下几点价值。

第一，降低成本。例如，通过机器代人或人机协同方式减少人工成本；利用视觉算法等手段提升检测一致性和稳定性，降低产品不良品率，减少因质量问题造成的经济损失；依据市场数据反馈合理安排要素投入，减少物料浪费，或施行智能库存管理来降低仓储成本等。

第二，提质增效。例如，利用数据驱动代替经验判断，全面优化生产流程，改善制造工艺，提高生产效率；科学高效排产，提高设备利用率；集成数智技术提高生产执行精度，确保产品质量。

第三，减少能源资源消耗。例如，通过物联网连接设备可以实时在线监测和控制能源和资源使用情况，提高能源资源利用效率；利用智能化节能减排设备或解决方案替换落后产能和生产工艺，实现绿色生产。

第四，提升用户体验。例如，数智技术应用打通产业链上、下游，实现需求端与设计端、制造端的直接对接，对复杂的市场动态进行数据分析和预测，准确把握市场机会，快速进行产品创新，实现敏捷制造和精益生产，响应市场变化和用户个性化需求；通过在价值链各个环节增加与用户交互节点，鼓励用户全程参与产品生产过程，为提升用户的最佳体验不断迭代产品，提升产品附加价值；基于产品智能化，通过与环境、用户交互，产品可自动回传运行和环境数据，通过数据监控和分析，为用户提供远程的预防性运维服务。

第五，重塑生产方式。数智技术和先进制造技术的融合应用将会带来生产模式的创新和变革，推动传统制造企业从大规模生产向定制化生产转变，企业从单纯的制造商向服务端衍生，而价值创造过程也将从传统单向链式过程转向网络化协同共创模式。

8.2.2 提高区域战略性新兴产业经济效率的政策建议

提高区域战略性新兴产业经济效率的重点关键措施包括以下方面。

第一，加强关键技术及优势企业培育，着力推进国家科技重大专项实施，集成实施省科技计划项目，加快突破一批关键核心技术。大力推进科技协同创新体及研发平台建设，努力攻克在关键领域具有战略制高点的关键技术。积极建设一批国家级和省级工程（技术）研究中心、工程实验室、重点实验室、企业技术中心等科研和实践平台。围绕企业高端化、集聚化、特色化目标，推动和支持企业加快资源整合和产品结构调整，进一步发挥重点企业对产业发展的支撑和带动作用。积极引进一批掌握关键核心技术，同时具有品牌优势和市场优势的国内外知名企业落户江西，进一步通过企业战略重组、上市激励、技术成果共享和协同创新等方式与上、下游企业建立紧密合作关系，使企业不断成长、壮大，成为推动战略性新兴产业发展的中流砥柱。

第二，重点产业示范推进。在金属新材料、绿色食品两大主营业务收入已超过千亿元的产业基础上，继续巩固其支柱地位，同时瞄准产业发展的主流和方向，组织实施一批重点高新技术产品推广及产业化计划，加快把江西省优势产业、特色产业培育成主营业务收入超千亿元的"明星"产业。逐步建立产业自主知识产权库、重大项目库，积极鼓励技术创新，紧密跟踪各项目进展情况，同时引导和推动金融、中介等机构参与自主创新成果产业化工作。

第三，加快优势产业集聚和产品应用示范推广。大力推进赣州稀土和钨产业基地、新余光伏产业基地、南昌生物及航空产业基地、景德镇陶瓷新材料产业基地等一批国家级和省级重点产业示范基地建设。优化各市区产业发展环境，整合人才、技术、资金等优秀资源，推进关联企业集中、集聚，同时将产业链向上、下游延伸，提高战略性新兴产业集约发展水平。在具有一定规模、优势、创新能力的地区或工业园，加快布局具有特色的战略性新兴产业工业园，形成特色省级产业集群。在南昌、赣州、九江、上饶等城市，加快推进新能源汽车、光伏、半导体照明应用示范城市的建设，在人流量较大的公共场所、景区、道路交通等区域进行半导体照明的应用示范，促进半导体照明和光伏产业的快速发展。扩大开展新能源汽车推广示范工程，在各城市主要路段布局建设充足的新能源汽车充电桩，逐步实现新能源汽车共享。以省会南昌为重点，加快实施光纤、无线宽带多媒体接入系统示范工程，在全省范围内覆盖无线宽带网络，促进"三网融合"。加速"城市矿产"的开发利用，变废为宝，进一步提高资源利用效率，优化城镇污水处理系统和空气净化系统设施建设，实现绿色江西崛起。

第四，在江西战略性新兴产业发展上先行开展金融支持试点示范工作。首先，政策上以政府为主导扶持全省金融发展，同时也要吸引私募股权投融资基金、资产证券化业务落户江西。因地制宜利用地方金融优势为企业提供政策支持，形成产业发展与金融支持两者之间双向良性循环的良好态势。其次，大力支持企业创新发展，培育战略性新兴产业创新发展能力，建立一批有责任、有担当、有潜力的优秀企业，并积极推动上市。各产业、各市区建立创新创业培育基地，打造江西战略性新兴产业发展强省。最后，完善金融支持的各项政策、制度，积极探索金融支持战略性新兴产业发展新思路、新模式，推进江西战略性新兴产业之间协同发展。

第五，健全资金分配，明确管理主体。完善评审机制。科学设置项目评估标准和指标，严格审核把关战略性新兴产业项目的申报资料，细化评审标准，规范评审程序，严把项目评审关；建立科学的操作实施机制，建立政府主管部门、专家委员会和行业协会之间的互动机制和制衡机制，资助实施机构和绩效评估机构分立，建立资助公示制度和绩效评估制度；建立引导资金项目库，实施动态化评审机制，提高专项资金扶持的系统性和效率，保证扶持资金总体目标的实现，防止扶持的随意性和盲目性。构建一体化绩效管理体制。遵循权责一致的原则，合理调整战略性新兴产业管理委员会部门职能。

8.3 研究局限与进一步研究的方向

本研究开始前，中国战略性新兴产业只有7个，待开始之后，增至9个，新增数字创意产业和其他服务业。其中数字创意产业方兴未艾，发展迅猛，国内的发展呈现多元化、渐变性等特点，尤其是典型战略性新兴产业与数字经济深度融合将是战略性新兴产业未来的发展趋势，也是本书进一步研究的方向。

由于水平和时间有限，本研究在以下方面还存在一定局限性，有待进一步研究和思考。

第一，由于受到部分指标数据获取的限制，本研究在建立中国战略性新兴产业经济效率评价指标体系时，存在选取指标不全面，因此，在未来指标数据能够获得时，可以对中国战略性新兴产业的统计监测指标体系进行改进，并进一步厘清各层次之间的关联。

第二，本研究采用的统计监测方法在指标选取时具有一定主观性。因此，在未来战略性新兴产业甚至涉密企业的相关数据能够获得时，可以通过测算生产率来对战略性新兴企业进行定量测度，预期能够得到更为客观的结果。

附　录　原　始　数　据

附表 1

2017 年中国战略性新兴产业原始数据

单位：家、万元、人

	企业数	工业销售产值	固定资产	流动资产	总负债	所有者权益	主营业务收入	主营业务成本	销售费用	管理费用	财务费用	营业利润	平均用工人数
环境污染防治专用设备制造	321	2636.25	675.16	1802.74	1469.79	1531.83	2643.26	2150.42	92.39	152.51	16.46	232.82	21.6
废弃资源和废旧材料回收加工	120	1462.19	254.23	322.85	421.76	282.3	1491.93	1321.36	11.73	23.71	10.55	106.73	6.27
光纤、光缆制造	720	8715.13	1272.52	3805.87	3200.7	2943.45	8621.31	7478.5	195.58	282.97	77.48	585.64	53.8
计算机制造	527	16787.02	1796.28	6722.89	5994.5	3392.7	17330.26	16050.69	237.1	423.53	24.63	629.24	106.95
通信设备制造	591	26791.41	1811.03	17689.15	15295.26	6414.28	28046.56	23893.12	1084.37	1907.78	81.39	962.91	184.82
广播电视设备制造	172	1363.21	253.63	744.15	584.35	606.19	1303.34	1079.25	33.27	82.08	5.08	104.49	17.29
雷达及配套设备制造	31	393.79	95.58	395.06	368.52	219.7	382.21	312.26	8.46	35.1	3.14	23.66	4.14
视听设备制造	347	7328.55	626.15	3382.1	2894.71	1657.73	7289.33	6503.74	248.74	257.37	21.15	261.75	55.11
电子器件制造	1008	15232.04	6419.62	9063.8	8835.53	9516.99	15152.47	13264.82	190.25	722.11	88.82	771.27	143.01

续表

	企业数	工业销售产值	固定资产	流动资产	总负债	所有者权益	主营业务收入	主营业务成本	销售费用	管理费用	财务费用	营业利润	平均用工人数
电子元件制造	1826	12718.88	2734.98	5774.66	4288.11	5204.91	12736.44	11065	191.64	595.35	11.06	860.06	202.8
基础化学原料制造	764	13801.38	7109.89	5114.78	9081.72	5958.44	14221.53	12152.11	251.68	481.84	261.26	825.53	67.22
有机化肥料及微生物肥料制造	410	5831.59	4258.02	3245.88	6564.84	2771.3	6023.15	5362.96	200.03	245.87	177.92	-75.61	47.15
生物化学农药及微生物农药制造	154	1868.52	520.1	744.8	832.86	781.17	1901.72	1615.88	45.26	70.39	15.45	155.37	11.36
化学药品原料药制造	338	3252.76	1402.48	1747.94	1740.9	2442.71	3240.51	2519.18	200.26	215.42	33.49	302.15	29.09
化学药品制剂制造	396	6045.93	1586.41	4497.54	3185.41	4264.87	6319.45	3636.94	1303.24	482.54	53.37	838.86	47.28
中药饮品加工制造	85	556.45	167.21	280.39	211.95	333.31	548.47	401.83	41.08	27.3	4.85	63.74	4.59
中成药生产制造	432	4705.2	1096.82	2732.79	1785.59	3253.97	4734.53	2993.74	835.23	301.13	35.79	570.04	47.86
兽用药品制造	92	626.94	161.07	152.85	107.12	256.79	624.35	475.1	30.66	36.83	6.34	70.37	5.29
生物药品制造	196	2115.24	724.83	1250.44	864.75	1770.5	2000.97	1409.9	167.4	120.77	14.62	277.77	14.99
航天器设备制造	149	3103.26	1584.61	2768.06	3505.34	1590.18	3073.55	2561.86	27.76	194.41	25.21	170.92	32.44
金属加工机械制造	109	897.31	449.66	1109.22	1308.64	623.89	862.47	754.25	10.68	71.76	24.8	-6.11	13.93
冶金专用设备制造	693	8158.21	2573.31	7371.07	7177.74	4414	8092.17	6921.69	251.62	416.3	146.9	163.18	64.94
印刷专用设备制造	97	688.04	155.41	354.46	325.5	366.23	680.17	556.17	27.31	38.35	2.95	55.31	6.54

续表

	企业数	工业销售产值	固定资产	流动资产	总负债	所有者权益	主营业务收入	主营业务成本	销售费用	管理费用	财务费用	营业利润	平均用工人数
电子和电工机械专用设备制造	136	947.91	320.93	747.9	406.71	752.11	893.86	729.65	26.22	52.03	5.15	76.25	9.98
生物医疗仪器设备及器械制造	281	1605.34	358.28	899.61	624.76	1026.65	1652.83	1209.05	116.1	142.93	3.55	204.77	19.89
通用仪器仪表制造	395	3193.21	603.86	2230.2	1559.76	1918.1	3241.68	2580.74	140.31	209.4	16.22	306.6	27.66
专用仪器仪表制造	150	1060.06	242.06	658.56	409.12	599.71	1065.67	850.38	35.76	80.58	4.95	96.55	10.18
钟表与计时仪器制造	103	280.07	46.75	139.39	94.18	110.21	282.3	234.78	12.43	17.93	0.56	15.97	8.84
光学仪器制造	164	663.61	184.44	430.05	308.29	433.89	669.07	545.19	16.36	52.45	-0.29	54.39	15.46
涂料、油墨、颜料及类似产品	318	2893.27	613.84	1302.74	1115.27	1365.36	2905.15	2349.53	142.86	148.94	24.72	242.11	18.6
合成材料制造	378	8529.02	4625.19	3556.95	5985.64	3647.17	8602.59	7494.28	154.28	278.23	197.7	420.81	30.89
专用化学用品制造	654	10560.03	3762.01	3923.4	4555.39	4572.79	10616.18	9075.29	201.49	347.06	116.8	806.87	49.63
石墨及非金属制品制造	312	2366.89	738.29	1007.34	1061.63	992.94	2372.85	2054.52	53.67	73.59	28.44	159.73	18.91
稀有稀土金属冶炼	66	957.17	388.21	657.57	780.62	739.14	962.5	822.46	12.72	29.85	9.23	84.01	5.7
有色金属合金制造	124	2089.1	624.1	876.45	1125.19	675.22	2224.62	2000.88	30.06	69.56	29.27	91.85	11.5

续表

	企业数	工业销售产值	固定资产	流动资产	总负债	所有者权益	主营业务收入	主营业务成本	销售费用	管理费用	财务费用	营业利润	平均用工人数
有色金属铸造	16	165.94	21.16	62.43	68.69	127.24	174.71	157.17	1.68	7.39	0.43	8.89	1.02
有色金属压延加工	591	13547.3	3580.07	4147.93	5256.67	4348.93	13413.78	12157.92	115.69	235.14	149.4	746.47	52.16
光学玻璃制造	141	876.19	654.92	866.5	1045.99	794.53	904.35	735.82	25.47	57.16	13.96	100.54	11.08
玻璃制品制造	428	2188.08	754.11	1043.9	1088.75	1070.73	2154.89	1808.63	65.8	99.39	23.47	145.51	31.6
玻璃纤维和玻璃纤维增强塑料制品制造	144	1208.18	509.16	486.66	629.72	559.93	1218.72	1033.05	25.19	42.96	19.96	96.66	10.39
特种陶瓷制品制造	795	2883.6	841.91	711.51	682.52	1211.28	2692.99	2236.58	99.19	111.83	19.94	209.24	55.24
耐火材料制品制造	194	1167.04	344.97	642.91	554.01	621.96	1167.25	958.42	53.18	43.85	12.33	93.39	12.33
发电机及发电机组制造	569	5564.31	1049.08	3789.14	3293.91	2553.89	5658.16	4783.32	155.78	282.03	33.35	409.69	52.08
汽车整车制造	288	37664.52	7206.07	19857.17	21039.64	13792.6	38983.84	32026.4	1379.68	1732.17	56.71	3336.44	125.13
改装汽车制造	159	1718.83	368.38	947.37	1060.53	515.64	1628.77	1398.61	42.12	64.45	13.47	105.95	12.83
低速载货汽车制造	6	218.31	11.52	41.32	32.4	40.96	220.53	204.77	2.21	5.48	1.02	6.68	1.21
电车制造	11	64.85	12.57	20.71	20.56	14.67	64.85	57.39	2.63	2.03	0.17	2.71	0.64
挂车制造	42	569.14	83.69	267.64	261.89	143.16	578.21	502.17	8.28	12.82	5.82	48.28	3.92
汽车零部件制造	2687	24086.07	5405.99	12423.63	11547.77	9038.43	24432.97	20298.76	559.08	1360.03	151.4	2040.41	206.65

附表说明：典型战略性新兴产业的数据量过大，不予附录。附表2—附表15是典型区域的战略性新兴产业相关数据。

附表 2

2005 年江西省战略性新兴产业原始数据

市区	上市公司数（家）	科学支出（万元）	规模以上工业企业主营业务收入（万元）	GDP（亿元）	人均GDP（元）	第二产业比重	实际利用外资（万美元）	进出口总额（万元）	GDP增长率	单位GDP电耗	单位GDP水耗	工业烟（粉）尘排放量（吨）	污水处理厂集中处理率	工业固体废弃物综合利用率	建成区绿化覆盖率
南昌市	0.583333333	0.223889046	0.36716159	0.336676567	0.329409858	0.141043007	0.390262104	0.486023592	0.172995781	0.091485372	0.067903236	0.060475335	0.141818182	0.141818182	0.203539823
景德镇市	0.083333333	0.016133598	0.027442797	0.026688752	0.130994105	0.139688452	0	0.051283671	0.092827004	0.094951163	0.071924249	0.164717733	0.166394143	0.166394143	0.150442478
萍乡市	0.041666667	0.07217662	0.064354767	0.039817988	0.130244525	0.182780224	0.004509465	0	0.122362869	0.040044983	0.086105887	0.03501511	0.137107993	0.137107993	0.061946903
九江市	0.041666667	0.136852533	0.142601337	0.116289696	0.062822876	0.118015577	0.123730433	0.040598616	0.113924051	0.07838056	0	0.046577322	0.027504576	0.027504576	0.097345133
新余市	0.041666667	0.043872063	0.082253335	0.020485873	0.198638601	0.165594311	0.009382963	0.032965203	0.185654008	0	0.041680178	0.194761967	0.071262965	0.071262965	0.14159292
鹰潭市	0.041666667	0	0.101741509	0	0.107777395	0.11217406	0.006821078	0.189064039	0.156118143	0.109858377	0.111356119	0.141126148	0.044685784	0.044685784	0.084495575
赣州市	0.041666667	0.220350977	0.096601099	0.14347346	8.10356E-05	0.002031832	0.257094103	0.130706758	0	0.106704172	0.127267224	0.069986423	0.098547895	0.098547895	0
吉安市	0	0.053637136	0.022674341	0.0683954	0.007029841	0	0.061881143	0.01506587	0.088607595	0.123798238	0.127764446	0.0843078	0	0	0
宜春市	0.041666667	0.09198981	0.056267571	0.09469195	0.017523956	0.049441246	0.073434656	0.018304114	0.021097046	0.125885383	0.125797177	0.093015956	0.056815131	0.056815131	0.14159292
抚州市	0	0.058873479	0	0.05273018	0.015477806	0.035980359	0.02348016	0.009769275	0.012658228	0.109298482	0.112307326	0	0.090152532	0.090152532	0.061946903
上饶市	0.083333333	0.082224738	0.039001654	0.100750133	0	0.053250931	0.049403895	0.026218863	0.033755274	0.119593271	0.127894157	0.110016205	0.165710799	0.165710799	0.053097345

附表 3

2006 年江西省战略性新兴产业原始数据

市区	上市公司数（家）	科学支出（万元）	规模以上工业企业主营业务收入（万元）	GDP（亿元）	人均GDP（元）	第二产业比重	实际利用外资（万美元）	进出口总额（万元）	GDP增长率	单位GDP电耗	单位GDP水耗	工业烟（粉）尘排放量（吨）	污水处理厂集中处理率	工业固体废弃物综合利用率	建成区绿化覆盖率
南昌市	0.583333333	0.206413022	0.373302076	0.333947761	0.324586365	0.130512212	0.396522143	0.47686057	0.14556962	0.091276103	0.065791464	0.031276708	0.129200681	0.129200681	0.268026706
景德镇市	0.083333333	0.020396156	0.011085092	0.026801201	0.1277996616	0.128985753	0	0.022732737	0.113924051	0.096948399	0.065428476	0.190051376	0.12669109	0.12669109	0.034940653
萍乡市	0.041666667	0.07177878	0.042965724	0.039828984	0.127149113	0.17605156	0.001783722	0.0100017069	0.018987342	0.038652825	0.077346562	0	0.124037269	0.124037269	0.055712166
九江市	0.041666667	0.120317709	0.139671808	0.116866036	0.06306337	0.11066825	0.112802403	0.025569571	0.056962025	0.089111603	0	0.043674077	0	0	0.139317507
新余市	0.041666667	0.04912728	0.084704832	0.02343785	0.206042224	0.16952171	0.025979947	0.086341125	0.506329114	0	0.032033637	0.214481202	0.068220498	0.068220498	0.131973294
鹰潭市	0.041666667	0	0.130289405	0.000320014	0.104537632	0.119318182	0.0085002674	0.228815902	0.018987342	0.1107983	0.111588372	0.169059394	0.044163037	0.044163037	0.08078635
赣州市	0.041666667	0.1864091	0.09806428	0.141225527	0.0000272633	0	0.246765505	0.116706869	0	0.103994808	0.126712847	0.051135545	0.098210209	0.098210209	0.031973294
吉安市	0	0.074230241	0.015540111	0.067443021	0.0007241808	0.006360244	0.063238135	0	0.03164557	0.120596561	0.137874709	0.065924041	0.067903193	0.067903193	0.040430267
宜春市	0.041666667	0.0969798	0.063436262	0.095585082	0.020328182	0.065298507	0.070663981	0.014364477	0.025316456	0.123388295	0.134154088	0.091026072	0.130210286	0.130210286	0.120029674
抚州市	0	0.090213767	0	0.055212074	0.018982057	0.045963365	0.023160387	0.004297323	0.03164557	0.109418748	0.115308993	0.0187065487	0.058614821	0.058614821	0
上饶市	0.083333333	0.084134144	0.040940409	0.09933245	0	0.047320217	0.050608105	0.014294358	0.050632911	0.115814357	0.133760852	0.124665098	0.152738916	0.152738916	0.096810089

附表 4

2007 年江西省战略性新兴产业原始数据

市区	上市公司数（家）	科学支出（万元）	规模以上工业企业主营业务收入（万元）	GDP（亿元）	人均GDP（元）	第二产业比重	实际利用外资（万美元）	进出口总额（万元）	GDP增长率	单位GDP电耗	单位GDP水耗	工业烟（粉）尘排放量（吨）	污水处理厂集中处理率	工业固体废弃物综合利用率	建成区绿化覆盖率
南昌市	0.555555556	0.624295946	0.348227154	0.390458904	0.275066812	0.097619919	0.427628503	0.408038404	0.242130751	0.08728123	0.068339619	0.055637569	0.142271299	0.108425783	0.215151515
景德镇市	0.111111111	0.008205271	0	0.021530383	0.10728249	0.11160747	0	0.0098294	0.133171913	0.092420458	0.06266521	0.168352654	0	0.110507476	0.105463728
萍乡市	0.037037037	0	0.04431368	0.036729464	0.111513907	0.147711461	0.006867612	0.008972659	0.064164649	0.053638222	0.098799636	0.06445875	0.088568943	0.113020741	0.087419651
九江市	0.037037037	0	0.04431368	0.036729464	0.111513907	0.147711461	0.006867612	0.008972659	0.064164649	0.089661513	0	0.02484209	0.088568943	0.113020741	0.087419651
新余市	0.037037037	0.018253251	0.090636408	0.024159093	0.207673463	0.16301721	0.080986621	0.153653487	0.290556901	0	0.051386882	0.208041916	0.09728559	0.034601813	0.100596878
鹰潭市	0.037037037	0.006223489	0.186700242	0	0.147579927	0.173343098	0.000801407	0.273228213	0.072639225	0.114609562	0.122123145	0.207896711	0.139714889	0.057728923	0.058990082
赣州市	0.037037037	0.108824143	0.102285586	0.163684937	0.003204494	0	0.248580842	0.100078195	0.012106538	0.102049898	0.123039509	0.02705646	0.088568943	0.092711533	0.092561983
吉安市	0	0.043912106	0.029682782	0.066287623	0.004095318	0.012522885	0.065069789	0	0.024213075	0.117030986	0.126608184	0.04214564	0.025635108	0.067832754	0.07194674
宜春市	0.074074074	0.029031361	0.074227876	0.100167671	0.015465703	0.068180154	0.070141656	0.010608626	0.024213075	0.120513671	0.132449864	0.108588853	0.113103375	0.116498693	0.096786042
抚州市	0	0.057506432	0.014538597	0.053740311	0.016603979	0.042402051	0.025570817	0.010468556	0.072639225	0.080084145	0.081556409	0	0.099936605	0.059912163	0
上饶市	0.074074074	0.103748001	0.065073995	0.10651215	0	0.035884291	0.067485141	0.016144803	0	0.114710315	0.131251542	0.092979357	0.117346305	0.125739382	0.083654729

附表5

2008年江西省战略性新兴产业原始数据

市区	上市公司数（家）	科学支出（万元）	规模以上工业企业主营业务收入（万元）	GDP（亿元）	人均GDP（元）	第二产业比重	实际利用外资（万美元）	进出口总额（万元）	GDP增长率	单位GDP电耗	单位GDP水耗	工业烟（粉）尘排放量（吨）	污水处理厂集中处理率	工业固体废弃物综合利用率	建成区绿化覆盖率
南昌市	0.576923077	0.469732829	0.336737689	0.357712678	0.271011144	0.100831431	0.374810168	0.290098535	0.11627907	0.135385517	0.21311235	0.109931238	0.148917476	0.126959096	0.21785053
景德镇市	0.115384615	0.000951568	0	0.016668621	0.112237457	0.125611347	0	0.003580086	0.130232558	0.094396728	0.151804048	0.026768173	0.043571316	0.040485309	0.103938731
萍乡市	0.038461538	0.002513115	0.052270534	0.033388216	0.115893802	0.160091294	0.011962238	0	0.11627907	0.212647047	0.123789968	0.104548134	0.114222633	0.128825669	0.092703249
九江市	0.038461538	0.061241918	0.109417302	0.113163113	0.052041288	0.097163352	0.098837209	0.02097079	0	0.116518028	0.134350249	0.122603143	0.088764728	0	0.114332604
新余市	0.038461538	0.012028791	0.092980033	0.037058371	0.266122323	0.173540919	0.10287751	0.362195246	0.213953488	0.271541674	0.084775594	0.013555992	0.122445761	0.026550381	0.105453627
鹰潭市	0.038461538	0	0.143014995	0	0.138694603	0.167345941	0.004020468	0.179000801	0.079069767	0.02181502	0.033734233	0	0.027800933	0.09229878	0.060259216
赣州市	0.038461538	0.101964133	0.088064325	0.147366919	0.003060648	0	0.210330817	0.094638166	0.0325814	0.071336829	0.050308008	0.171581532	0.090904995	0.0911724	0.077091399
吉安市	0	0.063803831	0.04280478	0.063310174	0.008760848	0.026165634	0.060315517	0.006011669	0.125581395	0.013044882	0.016427105	0.106669941	0	0.145174267	0.09468103
宜春市	0.038461538	0.094937172	0.067882283	0.09134608	0.016617881	0.073117052	0.058354866	0.010111624	0.060465116	0	0	0.087308448	0.143104963	0.151449812	0.097584582
抚州市	0	0.069098451	0.009202667	0.045239758	0.015560006	0.040348875	0.018130355	0.004807861	0.079069767	0.046169198	0.186858316	0.178555992	0.084213846	0.059505037	0
上饶市	0.076923077	0.123728193	0.057625392	0.094746071	0	0.035784154	0.06036085	0.028578013	0.046511628	0.017145078	0.004840129	0.078477407	0.136053349	0.137579249	0.036105033

附表 6

2009 年江西省战略性新兴产业原始数据

市区	上市公司数（家）	科学支出（万元）	规模以上工业企业主营业务收入（万元）	GDP（亿元）	人均GDP（元）	第二产业比重	实际利用外资（万美元）	进出口总额（万元）	GDP增长率	单位GDP电耗	单位GDP水耗	工业烟（粉）尘排放量（吨）	污水处理厂集中处理率	工业固体废弃物综合利用率	建成区绿化覆盖率
南昌市	0.576923077	0.491104509	0.355547193	0.344702228	0.269107227	0.107758621	0.388955075	0.323442074	0.062695925	0.06989704	0	0.127549717	0.117191707	0.119953502	0.065753425
景德镇市	0.115384615	0.01557281	0	0.012875107	0.1132735	0.131879973	0	0.030718114	0.117554859	0.110713844	0.013050722	0.125251381	0.111066236	0.116466178	0.23529418
萍乡市	0.038461538	0	0.056045493	0.029663694	0.108653755	0.160145889	0.010147476	0	0.101880878	0.034362929	0.069974084	0.063587321	0.099572563	0.108093988	0.044963739
九江市	0.038461538	0.04417042	0.123408724	0.120852912	0.058913557	0.089025199	0.110213079	0.04550488	0.117554859	0.075577	0.089966679	0.043516775	0.054843161	0.071810143	0.146817083
新余市	0.038461538	0.00138483	0.00631575	0.003953498	0.03125	0.026187241	0.006906612	0.020595152	0.024038462	0	0.022010318	0.02784505	0.026070356	0.020096091	0.019071062
鹰潭市	0.038461538	0.008211222	0.099760016	0	0.112631082	0.139588859	0.00264249	0.18934577	0	0.113255529	0.129335579	0.176293613	0.115391088	0.108015621	0.024079855
赣州市	0.038461538	0.132364231	0.082143409	0.145027944	0.000160605	0	0.204489871	0.095928395	0.078369906	0.118117586	0.129303961	0.029702812	0	0.096822225	0
吉安市	0	0.054641343	0.054946543	0.065843924	0.009003307	0.05188992	0.064052168	0.026948072	0.109717868	0.116151869	0.13050722	0.080433811	0.106993807	0.119104528	0.057856567
宜春市	0.038461538	0.082279115	0.080048191	0.091680906	0.01497402	0.088113395	0.059152934	0.013776001	0.094043887	0.121526661	0.135320252	0.094862259	0.134423802	0.114049867	0.060435133
抚州市	0	0.063102907	0.007272896	0.047776057	0.016428909	0.041114058	0.009255274	0.022183855	0.122257053	0.112128335	0.074787116	0	0.037930802	0.068544858	0.132957293
上饶市	0.076923077	0.086785273	0.068970029	0.097966283	0	0.056283156	0.065128057	0.038944388	0.101880878	0.128269207	0.136801185	0.101717368	0.110443592	0	0.087348912

附表 7

2010 年江西省战略性新兴产业原始数据

市区	上市公司数（家）	科学支出（万元）	规模以上工业企业主营业务收入（万元）	GDP（亿元）	人均GDP（元）	第二产业比重	实际利用外资（万美元）	进出口总额（万元）	GDP增长率	单位GDP电耗	单位GDP水耗	工业（烟）（粉）尘排放量（吨）	污水处理厂集中处理率	工业固体废弃物综合利用率	建成区绿化覆盖率
南昌市	0.533333333	0.376188378	0.309204879	0.332291882	0.222564163	0.096319499	0.414014517	0.292139505	0.037453184	0.075485952	0	0.145998599	0.107594811	0.107612862	0.027160008
景德镇市	0.1	0.031836943	0	0.021173602	0.115737458	0.128425998	0.000348967	0.021412869	0.174781523	0.083235326	0.04407966	0.128991237	0.123378306	0.105268941	0.146821492
萍乡市	0.033333333	0.062027547	0.055172018	0.031669506	0.108069385	0.148003132	0.007419912	0	0	0.038235054	0.077993501	0.06161924 6	0.090934455	0.100959543	0.08039756
九江市	0	0.054259611	0.123146686	0.122863926	0.062426444	0.092404072	0.118995586	0.08196448	0.07490636 7	0.083713111	0.084742938	0	0.114848841	0.067045926	0.177425704
新余市	0.066666667	0.088438529	0.08194925	0.051422624	0.308257981	0.152701644	0.089706344	0.18900049	0.237203496	0	0.093992167	0.16451119	0.114948484	0.097089631	0.103424523
鹰潭市	0.066666667	0	0.115570563	0	0.127535617	0.144087706	0	0.211279017	0.049937578	0.11484945	0.11124073	0.180627525	0.095637617	0.106221159	0
赣州市	0.066666667	0.07977786	0.086172084	0.1384429 2	0	0	0.156127862	0.070825237	0.012484395	0.118095938	0.118406799	0.023097485	0	0.093549332	0.064947845
吉安市	0	0.053204563	0.065938005	0.057443198	0.012039386	0.047768207	0.069856662	0.040683969	0.062421973	0.123245399	0.116740272	0.094535325	0.083700353	0.1112142	0.095847274
宜春市	0.1	0.094073181	0.080603511	0.093980138	0.020124122	0.095536413	0.052726741	0.01242924	0.049937578	0.120286127	0.122239813	0.055736741	0.091233384	0.111739141	0.037394214
抚州市	0	0.062746371	0.008174432	0.051206967	0.020182601	0.043069695	0.006944444	0.006328992	0.163545568	0.113993248	0.10524123	0.011557393	0.073716096	0.099299265	0.167683527
上饶市	0.033333333	0.097447016	0.074068573	0.099505236	0.003062843	0.051683634	0.083858965	0.073027201	0.13732834	0.128860394	0.12532289	0.133325259	0.104007653	0	0.098897855

附表 8

2011 年江西省战略性新兴产业原始数据

市区	上市公司数（家）	科学支出（万元）	规模以上工业企业主营业务收入（万元）	GDP（亿元）	人均GDP（元）	第二产业比重	实际利用外资（万美元）	进出口总额（万元）	GDP增长率	单位GDP电耗	单位GDP水耗	工业烟（粉）尘排放量（吨）	污水处理厂集中处理率	工业固体废弃物综合利用率	建成区绿化覆盖率
南昌市	0.548387097	0.323052617	0.262242033	0.331382591	0.217069492	0.092126363	0.376814036	0.305642465	0.103092784	0.077847353	0	0.112584601	0.119657173	0.112304325	0.041686139
景德镇市	0.096774194	0.034168744	0.003638557	0.020216921	0.114159095	0.126363053	0	0.022806167	0	0.097293536	0.065810232	0.126927577	0.08311556	0.107952436	0.158612954
萍乡市	0.032258065	0.077080839	0.039887004	0.033904835	0.113743993	0.149294419	0.01809696	0	0.252004582	0.048679237	0.078318684	0.068533	0.084887275	0.10389494	0.091877746
九江市	0	0.074009381	0.144279826	0.12154323	0.061791841	0.090843489	0.118978318	0.130439028	0.126002291	0.104530485	0.092066712	0.081024952	0.096071223	0.055179387	0.176652024
新余市	0.064516129	0.088689577	0.080608491	0.0516377	0.30553899	0.158354715	0.08855289	0.119086691	0.137457045	0	0.079220194	0.089369278	0.130132436	0.102870967	0.132442284
鹰潭市	0.064516129	0	0.12273247	0	0.128266742	0.13911161	0.012212724	0.152823374	0.022909507	0.110168371	0.105927428	0.142487555	0.104376135	0.108157231	0
赣州市	0.064516129	0.081133594	0.106277914	0.133199345	0	0	0.145538228	0.093557317	0.045819015	0.111398687	0.115280595	0	0	0.085501811	0.029442004
吉安市	0	0.05884835	0.077717085	0.066265678	0.013487915	0.046183451	0.073000603	0.066702953	0.080183276	0.109414643	0.120351589	0.113395283	0.060924835	0.109667593	0.062529208
宜春市	0.096774194	0.10501835	0.093208523	0.095405232	0.02296512	0.095654266	0.060798091	0.017437264	0.080183276	0.113476658	0.121365788	0.068079568	0.131815565	0.11429071	0.037293205
抚州市	0	0.065226778	0	0.046262631	0.01760971	0.04842848	0.017484196	0.009462065	0.040091638	0.106979522	0.096461573	0.10482326	0.075364309	0.100042239	0.167585756
上饶市	0.032258065	0.095735285	0.069408096	0.100180767	0.005367103	0.053640154	0.088523954	0.082024675	0.112256386	0.120211508	0.125197205	0.092774925	0.11365549	0	0.10187868

附表9

2012年江西省战略性新兴产业原始数据

市区	上市公司数（家）	科学支出（万元）	规模以上工业企业主营业务收入（万元）	GDP（亿元）	人均GDP（元）	第二产业比重	实际利用外资（万美元）	进出口总额（万元）	GDP增长率	单位GDP电耗	单位GDP水耗	工业烟（粉）尘排放量（吨）	污水处理厂集中处理率	工业固体废弃物综合利用率	建成区绿化覆盖率
南昌市	0.515151515	0.319874884	0.245756623	0.327744577	0.219107091	0.094188929	0.398619988	0.331705022	0.152777778	0.062875062	0	0.136331483	0.113350177	0.1133829	0.036150279
景德镇市	0.090909091	0.030433391	0	0.019011229	0.114151136	0.122096759	0	0.010124751	0.090277778	0.0951627	0.079819456	0.135299591	0.062329353	0.108510356	0.286836377
萍乡市	0.03030303	0.080849212	0.033321641	0.032651473	0.114338902	0.134122831	0.016883499	0.002587813	0.104166667	0.02010312	0.086827414	0.056198833	0.081767798	0.110289432	0.056212738
九江市	0	0.088451403	0.174100357	0.122064634	0.063904894	0.098870834	0.137596642	0.158933641	0.118055556	0.099963904	0.091697351	0.079209778	0.11872937	0.045870951	0.104760102
新余市	0.060606061	0.070160171	0.041179446	0.04530914	0.291804809	0.131001561	0.067548218	0.063884232	0	0	0.076612424	0.087049118	0.117792086	0.104142326	0.120753289
鹰潭市	0.060606061	0	0.123536497	0	0.131844079	0.158450381	0.008049018	0.150248144	0.145833333	0.117269569	0.10773251	0.155830952	0.096030808	0.103292618	0.068799092
赣州市	0.060606061	0.075209142	0.096852251	0.133560128	0	0	0.143316138	0.102590014	0.111111111	0.11852063	0.109632973	0	0	0.093335104	0
吉安市	0	0.048166362	0.089165609	0.068206427	0.015461207	0.050950151	0.070701132	0.076876944	0.069444444	0.117140361	0.122817437	0.122693771	0.075125311	0.110329262	0.156146494
宜春市	0.060606061	0.112226719	0.10056207	0.099615038	0.026727181	0.092628293	0.056744549	0.027393498	0.090277778	0.12286653	0.118997731	0.05083274	0.121317087	0.102376527	0.023374657
抚州市	0.03030303	0.100585352	0.005825498	0.044621988	0.016201543	0.06104838	0.012426748	0	0.034722222	0.110940429	0.084689393	0.074045246	0.108969396	0.108470526	0.067190309
上饶市	0.090909091	0.074043364	0.089700008	0.107215365	0.006459158	0.05664188	0.088114068	0.07565594	0.083333333	0.135157695	0.1212731	0.098257953	0.104588614	0	0.079776663

附表 10

2013 年江西省战略性新兴产业原始数据

市区	上市公司数（家）	科学支出（万元）	规模以上工业企业主营业务收入（万元）	GDP（亿元）	人均GDP（万元）	第二产业比重	实际利用外资（万美元）	进出口总额（万元）	GDP增长率	单位GDP电耗	单位GDP水耗	工业烟（粉）尘排放量（吨）	污水处理厂集中处理率	工业固体废弃物综合利用率	建成区绿化覆盖率
南昌市	0.484848485	0.185608544	0.228442628	0.337158623	0.237017776	0.096063455	0.412006466	0.351899608	0.0972179913	0.015193717	0	0.158232116	0.117729629	0.112279512	0.042318307
景德镇市	0.090909091	0	0	0.015365378	0.114853614	0.123580102	0	0	0.067225153	0.098390652	0.071969697	0.143592711	0.065973873	0.111869629	0.145814167
萍乡市	0.03030303	0.056285138	0.030537217	0.029669319	0.115703678	0.133960047	0.016696478	0.010302732	0.073637398	0.029052898	0.095699643	0.040434229	0.086938803	0.108958051	0.019549218
九江市	0	0.116282099	0.185646107	0.127016092	0.06759507	0.102036819	0.159122808	0.148257909	0.113869066	0.098967246	0.094585561	0.071594476	0.10333039	0.041044776	0.153518859
新余市	0.060606061	0.040317784	0.032151185	0.035332735	0.259159437	0.12083823	0.025345266	0.039190857	0	0	0.074428699	0.081301354	0.123616111	0.104647218	0.13799448
鹰潭市	0.060606061	0.027845189	0.132435733	0	0.13133985	0.165687427	0.007553099	0.135694221	0.134553728	0.124474555	0.110962567	0.190204044	0.099390976	0.1050588	0.020699172
赣州市	0.090909091	0.1469448	0.100785816	0.135689334	0	0	0.141041765	0.089249788	0.09463233	0.125674243	0.099376114	0	0	0.091361375	0
吉安市	0	0.191230545	0.084972405	0.069118148	0.020346526	0.053760282	0.079346205	0.099955223	0.102492502	0.125737017	0.122326203	0.139937929	0.067513414	0.111516282	0.209406624
宜春市	0.060606061	0.109466235	0.108407414	0.101006062	0.029932245	0.093615354	0.057142107	0.035301063	0.0972179913	0.126950655	0.117201426	0.017207649	0.115352396	0.113975577	0.051057958
抚州市	0.12890625	0.054526905	0.01295756	0.046912808	0.021921644	0.061985899	0.01174035	0.00569479	0.12648671	0.114702682	0.091354724	0.061475512	0.111209219	0.099841701	0.116375345
上饶市	2.0625	0.071492761	0.083663935	0.102731502	0.00213016	0.048472385	0.090005457	0.084453809	0.092667287	0.140856335	0.119005365	0.10001998	0.108945188	0	0.103265869

附表11

2014 年江西省战略性新兴产业原始数据

市区	上市公司数（家）	科学支出（万元）	规模以上工业企业主营业务收入（万元）	GDP（亿元）	人均GDP（元）	第二产业比重	实际利用外资（万美元）	进出口总额（万元）	GDP增长率	单位GDP电耗	单位GDP水耗	工业烟（粉）尘排放量（吨）	污水处理厂集中处理率	工业固体废弃物综合利用率	建成区绿化覆盖率
南昌市	0.5	0.19618214	0.210950932	0.337214465	0.226322521	0.100275016	0.400093906	0.335371837	0.10619469	0.114555491	0	0.113348288	0.039965547	0.110423813	0.03042376
景德镇市	0.0625	0	0	0.014457022	0.110359261	0.166067273	0	0	0.017699115	0.075782794	0.068822109	0.150529123	0.186391042	0.114456707	0.197746469
萍乡市	0.03125	0.05387223	0.031189795	0.0284194	0.112354377	0.18426963	0.016355	0.020601225	0	0.191810835	0.100482962	0.052778165	0.114900947	0.112117341	0
九江市	0	0.104702583	0.193073719	0.129221956	0.071568422	0.107679289	0.16936874	0.146116116	0.150442478	0.07088768	0.099946338	0.051034098	0.077777778	0.059431376	0.191416154
新余市	0.0625	0.021536713	0.032686371	0.032310446	0.260537147	0.160566956	0.024920285	0.036997119	0.017699115	0.354603505	0.073785887	0	0	0.101267276	0.195762405
鹰潭市	0.0625	0.03378251	0.12313144	0	0.145578421	0.248360482	0.007924426	0.097949055	0.097345133	0.028112324	0.11242286	0.17745842	0.078725237	0.096344561	0.005976096
赣州市	0.09375	0.143835199	0.102502623	0.136231788	0	-0.0951978	0.1395465533	0.091368238	0.123893805	0.069495451	0.082237725	0.040754832	0.323944875	0.090532026	-0.009597972
吉安市	0	0.157301807	0.09237892	0.069969429	0.01757005	0.017347155	0.082349254	0.106790423	0.14159292	0.028223881	0.123289509	0.133284321	0.081567614	0.11284929	0.097428468
宜春市	0.0625	0.14220262	0.111212339	0.1009012721	0.028164167	0.082293209	0.05727585	0.046871715	0.123893805	0.027371587	0.121679635	0.056242152	0.02118863	0.10174089	0.055957986
抚州市	0.03125	0.057705747	0.022353784	0.04734804	0.020509243	0.028347789	0.012551694	0.022580894	0.10619469	0.039156452	0.092299437	0.129077093	0.029715762	0.100836718	0.123324882
上饶市	0.09375	0.08887845	0.080520079	0.103914732	0.007036391	0	0.089465314	0.095353378	0.115044248	0	0.125033539	0.095497086	0.045822567	0	0.109561753

附表 12

2015 年江西省战略性新兴产业原始数据

市区	上市公司数（家）	科学支出（万元）	规模以上工业企业主营业务收入（万元）	GDP（亿元）	人均GDP（元）	第二产业比重	实际利用外资（万美元）	进出口总额（万元）	GDP增长率	单位GDP电耗	单位GDP水耗	工业烟（粉）尘排放量（吨）	污水处理厂集中处理率	工业固体废弃物综合利用率	建成区绿化覆盖率
南昌市	0.485714286	0.183306351	0.213709297	0.348600205	0.234185142	0.105577494	0.327449699	0.314804567	0.162601626	0.080004709	0	0.127730672	0.192173702	0.111687445	0.017241379
景德镇市	0.114285714	0	0	0.013774933	0.106889078	0.132546623	0	0	0	0.097095316	0.060644691	0.15103847	0	0.113279495	0.184612882
萍乡市	0.028571429	0.040057811	0.02911764	0.02833093	0.110961593	0.132757349	0.017003734	0.013814447	0.04780488	0.059259538	0.109087598	0.081107499	0.076966702	0.112380757	0.016753416
九江市	0	0.084382599	0.196021585	0.13105065	0.072643537	0.097144663	0.188194332	0.154671888	0.170731707	0.097706863	0.103077764	0.061633819	0.113505631	0.064516543	0.160702668
新余市	0.057142857	0.000698054	0.022448029	0.031900173	0.25850032	0.122853229	0.024257211	0.029891541	-0.016260163	0	0.066836642	0	0.17516001	0.102186501	0.164443722
鹰潭市	0.057142857	0.009494189	0.114521682	0	0.143981383	0.160994626	0.008270828	0.08236845	-0.016260163	0.115265124	0.124203242	0.177725747	0.102892328	0.099965334	0.07839948
赣州市	0.085714286	0.187828954	0.099341251	0.119764125	0	0	0.154533747	0.099676195	0.162601626	0.097144371	0.072118011	0.033370462	-0.004293932	0.093250478	0
吉安市	0	0.144631539	0.093228528	0.071494808	0.017853336	0.056579918	0.091511076	0.1206062	0.097560976	0.114230072	0.136040794	0.121623362	0.103945556	0.109774417	0.093201041
宜春市	0.057142857	0.185446394	0.121127782	0.101834929	0.028019079	0.08039195	0.061894007	0.053342713	0.146341463	0.114454088	0.12620652	0.014947502	0.066682168	0.107399181	0.072869226
抚州市	0.028571429	0.076736778	0.022198628	0.048324292	0.020371456	0.059003266	0.027881361	0.025919027	0.097560976	0.11097612	0.088690585	0.1310092471	0.079154176	0.08555985	0.105237476
上饶市	0.085714286	0.087417331	0.088235578	0.104924954	0.006595076	0.04815088	0.099040006	0.104904973	0.146341463	0.113863798	0.113094154	0.099729995	0.09981366	0	0.106538712

附表13

2016年江西省战略性新兴产业原始数据

市区	上市公司数（家）	科学支出（万元）	规模以上工业企业主营业务收入（万元）	GDP（亿元）	人均GDP（元）	第二产业比重	实际利用外资（万美元）	进出口总额（万元）	GDP增长率	单位GDP电耗	单位GDP水耗	工业烟（粉）尘排放量（吨）	污水处理厂集中处理率	工业固体废弃物综合利用率	建成区绿化覆盖率
南昌市	0.513513514	0.173917523	0.216959653	0.338471015	0.23433282	0.11508017	0.332390897	0.266463114	0.091533181	0.046413907	0	0.0967445	0.091137124	0.118443271	0.061426866
景德镇市	0.108108108	0	0	0.013392192	0.108275637	0.140957987	0	0	0	0.116240637	0.065972222	0.094717303	0	0.116362949	0.15838766
萍乡市	0.027027027	0.055057869	0.025783186	0.028017243	0.111502922	0.13557946	0.017200498	0.022153964	0.114416476	0	0.110197368	0.107172231	0.152752766	0.0909012775	0.060784134
九江市	0	0.084460049	0.189694435	0.1295544663	0.073765925	0.104627562	0.186647518	0.139791759	0.176201373	0.11173969	0.103435673	0	0.10303576	0.076701744	0.145533009
新余市	0.054054054	0.016949616	0.021765407	0.030781695	0.260071365	0.105845342	0.024374716	0.03710909	0	-0.2270666	0.065241228	0.068035907	0.139310522	0.11768679	0.14461482
鹰潭市	0.054054054	0.020876915	0.108585117	0	0.1442662598	0.167850619	0.00888286	0.08789328	0.04576659	0.16812562	0.122258772	0.143908402	0.116799588	0.119905116	0.065558718
赣州市	0.081081081	0.225840701	0.102953149	0.138637862	0	0	0.153406117	0.105576638	0.205949657	0.130386472	0.081323099	0.081748057	0.058721379	0.088899996	0.057570471
吉安市	0	0.116097089	0.093088655	0.070847287	0.016833085	0.069717881	0.090932619	0.133558291	0.137299771	0.169513131	0.130116959	0.124740265	0.092616414	0.119713078	0.109907263
宜春市	0.054054054	0.168447056	0.125362468	0.099426855	0.02731127	0.0348082	0.060309398	0.059992355	0.091533181	0.168559922	0.124634503	0.079650179	0.075250836	0.068461507	0.088880727
抚州市	0.027027027	0.077829053	0.021783991	0.047682864	0.018876892	0.072965293	0.027540564	0.036014984	0.04576659	0.1534778	0.087353801	0.090909091	0.091137124	0.0909012775	0.107336333
上饶市	0.081081081	0.06052413	0.09402394	0.103188322	0.004767485	0.052567485	0.098308813	0.111446525	0.091533181	0.162609422	0.109466374	0.112374065	0.079238487	0	0

附表 14

2017 年江西省战略性新兴产业原始数据

市区	上市公司数（家）	科学支出（万元）	规模以上工业企业主营业务收入（万元）	GDP（亿元）	人均GDP（元）	第二产业比重	实际利用外资（万美元）	进出口总额（万元）	GDP增长率	单位GDP电耗	单位GDP水耗	工业烟（粉）尘排放量（吨）	污水处理厂集中处理率	工业固体废弃物综合利用率	建成区绿化覆盖率
南昌市	0.487179487	0.29520758	0.219209597	0.348597651	0.0909088659	0.147104293	0.369788598	0.255612477	0.094745909	0.178638675	0	0.135658978	0.151123133	0.090909091	0.020150376
景德镇市	0.102564103	0	0	0.006424651	0.112201337	0.081698181	0	0	0.068906115	0.108610601	0.028414595	0.067158819	0	0.123502918	0.385864662
萍乡市	0.025641026	0.024387327	0.003708685	0.022347333	0.125783204	0.141871804	0.016411134	0.019533641	0.103359173	0.10591967	0.114627058	0.039971271	0.107256262	0.025091416	0.018345865
九江市	0	0.060272343	0.192574304	0.133787856	0.096746437	0.047449162	0.179837374	0.120318258	0.106804479	0.05690791	0.11785599	0.056969228	0.087322122	0.066597776	0.07443609
新余市	0.076923077	-0.023257823	0.016779358	0.025522533	0.308323112	0.18016411	0.023278326	0.052895389	0.043066322	0.022275339	0.057152083	0.150764629	0.12966012	0.107400639	0.133984962
鹰潭市	0.051282051	0.021001798	0.112447159	0	0.187897544	0.08693067	0.008526393	0.099546046	0	0.12348964	0.138198256	0.061832815	0.088792191	0.120485695	0
赣州市	0.076923077	0.240096074	0.105593313	0.142944124	0	0.0718278804	0.147807318	0.110844567	0.163652024	0.08682008	0.053923151	0.121927463	0.073150653	0.099568365	0.08556391
吉安市	0	0.078332785	0.087025936	0.069071839	0.018188387	0.08704959	0.087474894	0.131654199	0.083548665	0.105258213	0.146593478	0	0.072151006	0.112872287	0.067218045
宜春市	0.076923077	0.207114548	0.141552368	0.101288829	0.034071137	0	0.057307103	0.056952991	0.137812231	0	0.14271876	0.132103936	0.107961896	0.127411238	0.054135338
抚州市	0.025641026	0.063996386	0.014240962	0.04593646	0.020822043	0.105006541	0.015001521	0.032273711	0.068906115	0.140368086	0.078463029	0.076462929	0.11313654	0.126160576	0.069473684
上饶市	0.076923077	0.032748981	0.102868319	0.104076024	0.00505814	0.050897848	0.094563338	0.120368719	0.129198966	0.071711785	0.1220536	0.157149932	0.071268964	0	0.090827068

附表15

2018年江西省战略性新兴产业原始数据

市区	上市公司数（家）	科学支出（万元）	规模以上工业企业主营业务收入（万元）	GDP（亿元）	人均GDP（元）	第二产业比重	实际利用外资（万美元）	进出口总额（万元）	GDP增长率	单位GDP电耗	单位GDP水耗	工业烟（粉）尘排放量（吨）	污水处理厂集中处理率	工业固体废弃物综合利用率	建成区绿化覆盖率
南昌市	0.476190476	0.238499097	0.241942996	0.342915536	0.278376183	0.137051437	0.32279171	0.297277444	0.132939437	0.19179112	0	0.090303103	0.156128025	0.104143484	0.067539629
景德镇市	0.095238095	0.001984717	0	0.00212567	0.080330208	0.094826336	0	0	0.029542097	0.092552998	0.060304632	0.149359066	0.119733316	0.101302612	0.145761546
萍乡市	0.023809524	0.038943139	0.008011371	0.014628028	0.087285661	0.080270926	0.01759496	0.018800426	0.10339734	0.093248186	0.106310227	0.10219742	0.114308018	0.111239118	0.090742018
九江市	0	0.087615604	0.206760042	0.1447803	0.100313961	0.137483776	0.192647122	0.120530288	0.10044313	0.072238951	0.11905502	0.060869581	0.081680878	0.051711724	0.102343213
新余市	0.095238095	0	0.025706016	0.016035649	0.23870727	0.124369495	0.024905932	0.038984326	0.044313146	0	0.044140504	0.032097275	0.129830399	0.095503044	0.138754884
鹰潭市	0.047619048	0.032173665	0.11918827	0	0.164638725	0.203199292	0.009172072	0.103858325	0.10339734	0.131487582	0.123096052	0.156386838	0	0.094822282	0
赣州市	0.095238095	0.189505096	0.091246353	0.153019004	0	0.023058076	0.160225625	0.11638368	0.193500736	0.099553382	0.056885297	0.073999426	0.069850714	0.097676246	0.125430739
吉安市	0	0.08668449	0.097773503	0.071054487	0.121176433	0.063553821	0.093812113	0.131960358	0.129985227	0.112398197	0.140814423	0.128759379	0.0331546	0.113189763	0.079140824
宜春市	0.071428571	0.184467704	0.097084966	0.104811237	0.029727534	0.055915833	0.061439047	0.052190385	0.014771049	0.00895257	0.140192726	0	0.108279909	0.114944034	0.069377442
抚州市	0.023809524	0.07501064	0.027385177	0.043361516	0.00789075	0	0.01600665	0.030155317	0	0.119414749	0.089902704	0.137287165	0.120336127	0.115467697	0.090052838
上饶市	0.071428571	0.065115762	0.084901399	0.10726861	0.000553275	0.080270926	0.10140477	0.089859335	0.147710485	0.078362266	0.120298415	0.068736153	0.066685957	0	0.0908856882

参 考 文 献

[1] 包亚兄，邓平军．新闻报道对战略性新兴产业指数波动的影响［J］．统计与决策，2021，37（16）：171－174.

[2] 蔡伟，彭刚．空间计量经济视角下的中国工业行业 R&D 溢出效应研究［J］．东华理工大学学报（社会科学版），2018，37（4）：323－327.

[3] 蔡伟，赵西超，才凌惠，等．中国战略性新兴产业经济效率的统计测度［J］．统计与决策，2021，37（7）：98－102.

[4] 产健．"0 到 1"产业培育机制及其财税支持政策研究［D］．北京：中共中央党校，2021.

[5] 车明朝，张维津．服务"中国制造 2025"需要更加开放的职业教育［J］．中国职业技术教育，2018（16）：26－31.

[6] 陈春林．江西省战略性新兴产业发展评价与选择的实证研究［J］．江西科学，2022，40（1）：186－195.

[7] 陈宏．工业 4.0 与中国制造 2025［J］．山东工业技术，2016（11）：39.

[8] 陈立，张文静．基于网络 DEA 模型的江苏省战略新兴产业 R&D 经费投入产出效率分析［J］．环渤海经济瞭望，2021（3）：34－36.

[9] 陈勇，李小平．中国工业行业的面板数据构造及资本深化评估：1985－2003［J］．数量经济技术经济研究，2006（10）：57－

68.

[10] 程贵孙, 张雍, 芮明杰. 国有与民营企业发展战略性新兴产业相对效率研究 [J]. 当代财经, 2013 (10): 96 – 105.

[11] 程贵孙, 张雍, 章斐. 我国民营战略性新兴产业生产效率的区域差异研究 [J]. 经济问题探索, 2015 (8): 81 – 87.

[12] 程海涛, 申献双. "中国制造 2025" 背景下的创意创新创业人才培养 [J]. 山东化工, 2018, 47 (23): 155 – 156.

[13] 程虹. "中国制造 2025" 与 "三大变革" [J]. 中国工业评论, 2017 (12): 58 – 63.

[14] 崔慧明, 陈林. "中国制造 2025" 战略之 "智能制造" [J]. 科技经济市场, 2022 (4): 7 – 9.

[15] 邓志文. 从身体感知到技术具身感知: 元宇宙感官生态的技术现象学辨析 [J]. 华侨大学学报 (哲学社会科学版), 2022 (5): 5 – 14.

[16] 方凌智, 赵星. 元宇宙和文化数字化: 基于产权理论的分析 [J]. 数字图书馆论坛, 2022 (9): 70 – 72.

[17] 方炜, 刘洁. 战略性新兴产业与高质量发展耦合协调的时空特征——基于 2010 – 2019 年省际面板数据的分析 [J]. 科技管理研究, 2022, 42 (23): 189 – 198.

[18] 冯根福, 刘军虎, 徐志霖. 中国工业部门研发效率及其影响因素实证分析 [J]. 中国工业经济, 2006 (11): 46 – 51.

[19] 高青松, 李婷. "中国制造 2025" 研究进展及评述 [J]. 工业技术经济, 2018, 37 (10): 59 – 66.

[20] 郭立伟, 沈满洪. 新能源产业集群形成影响因素研究 [J]. 经济问题探索, 2015 (5): 167 – 175.

[21] 黄超. 国家治理视阈下人工智能的 "热话题" 与 "冷思考" [J]. 未来与发展, 2019, 43 (8): 1 – 4, 26.

[22] 黄焕辉. 元宇宙浪潮下, 运营商的布局浅析 [J]. 通信世

界，2022（18）：40 – 42．

［23］黄先海，党博远，宋安安，等．新发展格局下数字化驱动中国战略性新兴产业高质量发展研究［J］．经济学家，2023（1）：77 – 86．

［24］黄勇．促进战略性新兴产业集群化发展的培育机制研究［J］．贵州社会科学，2021（12）：125 – 133．

［25］姜达洋，李宁．从美国经验看中国战略性新兴产业低端化问题［J］．华东经济管理，2013，27（1）：89 – 92．

［26］蒋建强．苏州战略性新兴产业发展现状与对策分析［J］．商业经济，2022（6）：25 – 26，186．

［27］景秀丽，吴鑫颖．元宇宙场域下的乡村旅游产业未来生态图景［J］．东北财经大学学报，2022（6）：40 – 50．

［28］黎智慧，尹兴民．中国战略性新兴产业的空间非均衡及时空演进［J］．统计与决策，2022，38（3）：102 – 107．

［29］李柏洲，王雪，苏屹，等．我国战略性新兴产业研发 – 转化两阶段创新效率［J］．系统工程，2019，37（4）：48 – 56．

［30］李丹，黄锐．湖南省战略性新兴产业创新效率提升的对策研究——基于 2010 – 2018 年行业数据的实证分析［J］．江苏商论，2021（8）：99 – 102．

［31］李凤娇，刘家明，姜丽丽．东北地区战略性新兴产业发展水平时空演变与影响因素研究［J］．地理科学进展，2022，41（4）：541 – 553．

［32］李广宇，吕文博，王祎枫．制造业创新中心："中国制造 2025" 的加速器［J］．机器人产业，2017（1）：100 – 104．

［33］李红锦，李胜会．战略性新兴产业创新效率评价研究——LED 产业的实证分析［J］．中央财经大学学报，2013（4）：75 – 80．

［34］李金华．"一带一路" 建设背景下中国制造企业的应对策略思考［J］．人文杂志，2018（5）：33 – 42．

[35] 李珮璘，黄国群．我国外贸企业声誉提升研究——兼论化解"中国制造"信任危机的对策［J］．未来与发展，2008，29（4）：52－57．

[36] 李强．基于DEA方法的我国中小企业技术创新效率研究——以深交所中小上市公司为例［J］．科技管理研究，2010，30（10）：43－45．

[37] 李卫东．"工业4.0"对推进"中国制造2025"的启示［D］．北京：外交学院，2017．

[38] 林莉，薛菁．"十四五"时期战略性新兴产业链现代化中的税收功能研究［J］．云南财经大学学报，2021，37（8）：16－30．

[39] 刘芳．我国战略性新兴产业财务绩效改善策略——以新能源产业为例［J］．企业经济，2015（12）：176－179．

[40] 刘凤芹，苏美丽．战略性新兴产业突破性创新路径：技术并购还是自主研发［J］．科学学与科学技术管理，2022，43（8）：117－136．

[41] 刘刚，李佳，梁晗．股权结构、产权性质与债券融资成本——基于中国上市公司的实证研究［J］．经济理论与经济管理，2020（3）：34－50．

[42] 刘刚，殷建瓴，耿天成．产业间距离、技术异质性与企业并购绩效——基于A股上市企业的实证研究［J］．中国软科学，2020（12）：104－116．

[43] 刘刚，张泠然，耿天成．产业关联视角下中国战略产业选择研究［J］．教学与研究，2020（10）：48－58．

[44] 刘刚，张泠然，梁晗，等．互联网创业的信息分享机制研究——一个整合网络众筹与社交数据的双阶段模型［J］．管理世界，2021，37（2）：107－125，227．

[45] 刘国斌．"一带一路"建设的推进思路与政策创新研究［J］．东北亚论坛，2019（4）：71－86，128．

［46］刘国巍，邵云飞，刘博．战略性新兴产业协同创新网络协同度研究——基于"网络的网络"结构分析视角［J］．科技进步与对策，2021，38（23）：56－66.

［47］刘洪，蔡伟．基于熵值TOPSIS模型的各地区科教实力综合评价［J］．科技进步与对策，2014，31（22）：118－121.

［48］刘洪昌．中国战略性新兴产业的选择原则及培育政策取向研究［J］．科学学与科学技术管理，2011，32（3）：87－92.

［49］刘洪民，姜黎辉，王中魁．战略性新兴产业技术研发的知识管理流程评价［J］．技术经济与管理研究，2016（2）：99－103.

［50］刘洪民，刘炜炜．战略性新兴产业政策培育及政策窗口的触发机制研究［J］．科技促进发展，2019，15（9）：982－987.

［51］刘洪民，杨艳东，韩熠超．战略性新兴产业阶段性演进特征及其政策动态调整：一个文献述评［J］．科技管理研究，2018，38（7）：142－147.

［52］刘洪民，杨艳东．战略性新兴产业发展特征及其政策动态调整机制的构建［J］．科学与管理，2014，34（6）：66－70.

［53］刘华军，王耀辉，雷名雨．中国战略性新兴产业的空间集聚及其演变［J］．数量经济技术经济研究，2019，36（7）：99－116.

［54］刘荣春，吴梦梦．江西省战略性新兴产业自主创新能力评价研究［J］．理论导报，2021（4）：60－62.

［55］刘玉书，刘玉文．"数字丝绸之路"相关概念与发展脉络［J］．决策与信息，2018（11）：78－84.

［56］刘元雏，华桂宏．金融科技能否通过缓解金融错配促进企业创新可持续性——来自战略性新兴产业上市公司的经验证据［J］．中国科技论坛，2023，324（4）：122－132.

［57］楼军江，肖君，于天贞．人工智能赋能教育开放、融合与智联——基于2022世界人工智能大会开放教育和终身学习论坛的审

思［J］. 开放教育研究，2022，28（5）：4－11.

［58］卢阳春. 战略性新兴产业集群发展的资金资源整合机制研究——以四川省高端装备制造业为例［J］. 西南民族大学学报（人文社会科学版），2015，36（3）：144－150.

［59］鲁志国，孟霏. 基于三阶段DEA模型的战略性新兴产业技术创新效率测算［J］. 统计与决策，2022，38（8）：158－162.

［60］吕岩威，孙慧. 中国战略性新兴产业技术效率及其影响因素研究［J］. 数量经济技术经济研究，2014，31（1）：128－143.

［61］罗茂. 基于改进多元宇宙算法的支持向量机优化算法研究［D］. 吉林大学，2022.

［62］马永军，芮强. 中国战略性新兴产业发展质量测算与评价——基于全要素生产率视角［J］. 湖南工业大学学报，2020，34（5）：56－63.

［63］马永军，王艾娟. 政府R&D补贴、产权性质与实质性创新绩效——基于中国高技术产业的经验数据［J］. 湖南工业大学学报（社会科学版），2020，25（4）：86－94.

［64］马永军. 中国战略性新兴产业发展绩效分析——兼论产业政策的重要性［J］. 生产力研究，2019（8）：8－12，161.

［65］苗圩. 中国制造2025，迈向制造强国之路［J］. 时代汽车，2015（11）：8－10.

［66］缪竞红. 面向中国制造2025的智造观［J］. 电气时代，2018（7）：52－53.

［67］潘冬. 数字经济赋能战略性新兴产业创新发展研究［J］. 理论探讨，2022（5）：168－172.

［68］潘教峰，王晓明，薛俊波，等. 从战略性新兴产业到未来产业：新方向、新问题、新思路［J］. 中国科学院院刊，2023，38（3）：407－413.

［69］齐峰，项本武. 中国战略性新兴产业经济绩效实证检验

［J］. 统计与决策，2015（14）：110 - 114.

　　［70］秦贝贝，刘伟东，石亮. 元宇宙产业链关键环节和视听应用场景分析［J］. 广播电视网络，2022，29（9）：118 - 120.

　　［71］秦江鹏. 从"赛博空间"到"元宇宙"：虚拟现实科幻小说发展与流变研究［D］. 辽宁大学，2022.

　　［72］任保全，王亮亮. 战略性新兴产业高端化了吗？［J］. 数量经济技术经济研究，2014，31（3）：38 - 55.

　　［73］任征宇. 战略性新兴产业金融支持效率研究——基于七大产业的上市公司证据［J］. 财会通讯，2021（4）：160 - 163.

　　［74］史梦茜. 新能源产业上市公司研发投入对财务绩效的影响研究［D］. 南京：南京航空航天大学，2020.

　　［75］苏会权. XR技术对数字媒体艺术发展的影响［D］. 鲁迅美术学院，2022.

　　［76］孙国民. 警惕战略性新兴产业发展的误区［J］. 中国经济问题，2013（3）：45 - 50.

　　［77］孙理军，张蔓，高倩. 战略性新兴产业要素禀赋、技术创新能力与产业发展质量的关系［J］. 科技管理研究，2022，42（9）：1 - 7.

　　［78］孙天阳，杨丹辉. 新兴产业最新研究进展及展望——一个文献综述［J］. 产业经济评论，2022（1）：105 - 122.

　　［79］孙正昕，郁俊莉. 地方产业政策、研发补贴与企业创新——基于战略性新兴产业的实证［J］. 统计与决策，2023，39（1）：173 - 177.

　　［80］汤长安，张丽家，殷强. 中国战略性新兴产业空间格局演变与优化［J］. 经济地理，2018，38（5）：101 - 107.

　　［81］田馨. "中国制造2025"重大战略的新形势与现实路径研究［J］. 改革与战略，2017，33（3）：57 - 60.

　　［82］万哨凯，宋晓丹. 江西省战略性新兴产业与金融结合的问

题及对策研究 [J]. 商场现代化, 2019 (19): 122 - 124.

[83] 王昶, 周亚洲, 耿红军. 本地能力视角下战略性新兴产业政策扩散研究——以中国内地31省份新材料政策为例 [J]. 科技进步与对策, 2021, 38 (23): 121 - 130.

[84] 王春杨, 孟卫东. 制造业转移、知识溢出与区域创新空间演进 [J]. 科研管理, 2019, 40 (9): 75 - 84.

[85] 王欢芳, 王娇蕊. 生产性服务业集聚对战略性新兴产业创新惰性的空间溢出效应研究 [J]. 湖南科技大学学报 (社会科学版), 2022, 25 (2): 61 - 73.

[86] 王慧锋, 暴建霞. 中国制造2025背景下机械制造业面临的新机遇 [J]. 内燃机与配件, 2018 (12): 179 - 180.

[87] 王建华. 中国城市战略性新兴产业技术路径演化机制——路径依赖还是随机偶然? [J]. 科学学研究, 2023 (10): 1765 - 1775, 1896.

[88] 王姝洁. "中国制造2025" 面临的困境 [J]. 中国集体经济, 2019 (13): 13 - 15.

[89] 王文. 数字 "一带一路": 进展、挑战与实践方案 [J]. 社会科学战线, 2019 (6): 72 - 81.

[90] 王喜文. 工业4.0对中国制造2025在创新方面的启示 [J]. 物联网技术, 2016 (6): 4 - 5.

[91] 王喜文. 工业4.0、互联网+、中国制造2025中国制造业转型升级的未来方向 [J]. 国家治理, 2015 (23): 12 - 19.

[92] 王晓晨, 贺敏, 吴伟军, 等. 我国战略性新兴产业综合竞争力测度及发展差异——基于380家典型性上市公司统计数据的实证分析 [J]. 企业经济, 2021, 40 (6): 69 - 77.

[93] 王晓蕊. 基于《中国制造2025》民营企业全面提升科技竞争的对策探究 [J]. 中国市场, 2019 (9): 56 - 58.

[94] 王艳艳. 江苏省战略性新兴产业空间格局分析 [J]. 湖北

农业科学, 2021, 60 (6): 135 - 138.

[95] 王志平, 李雪, 吴水丹. 战略性新兴产业研发效率及 TFP 研究——基于 DEA 模型的 Malmquist 指数方法 [J]. 现代商业, 2017 (33): 46 - 49.

[96] 王志平, 齐亚伟. 战略性新兴产业路径突破的商业模式创新 [J]. 改革与战略, 2018, 34 (7): 82 - 88.

[97] 王志平, 吴水丹, 李雪. 战略性新兴产业 DEA 效率对比研究——基于国有和民营上市公司面板数据 [J]. 江西师范大学学报 (自然科学版), 2017, 41 (6): 611 - 616.

[98] 王志平, 吴水丹, 余慧婷. 我国战略性新兴产业发展中技术创新特点及规律研究 [J]. 现代商业, 2017 (36): 41 - 43.

[99] 王志平, 余慧婷, 卢水平. 我国战略性新兴产业发展中技术创新特点及规律 [J]. 改革与战略, 2018, 34 (2): 155 - 158, 166.

[100] 卫平, 马文丽. 高管团队研发经历对企业技术创新的异质性影响——基于中国战略性新兴产业的实证研究 [J]. 工业技术经济, 2022, 41 (11): 58 - 65.

[101] 邬龙, 张永安. 基于 SFA 的区域战略性新兴产业创新效率分析——以北京医药和信息技术产业为例 [J]. 科学学与科学技术管理, 2013, 34 (10): 95 - 102.

[102] 吴延兵. 用 DEA 方法评测知识生产中的技术效率与技术进步 [J]. 数量经济技术经济研究, 2008 (7): 67 - 79.

[103] 吴智慧. 工业 4.0 时代中国家居产业的新思维与新模式 [J]. 木材工业, 2017, 31 (2): 5 - 9.

[104] 伍先福, 黄骁, 钟鹏. 新型基础设施建设与战略性新兴产业耦合协调发展测度及其耦合机制 [J]. 地理科学, 2021, 41 (11): 1969 - 1979.

[105] 武川, 王宏起, 李玥, 等. 战略性新兴产业前沿技术领

域预测与合作潜力——基于主题相似网络关系的分析视角 [J]. 系统工程, 2021, 39 (4): 151 - 158.

[106] 肖兴志, 谢理. 中国战略性新兴产业创新效率的实证分析 [J]. 经济管理, 2011, 33 (11): 26 - 35.

[107] 谢林海, 李一帆, 郑明贵. 财税激励政策对新能源产业创新绩效的影响——研发投入的中介效应 [J]. 管理现代化, 2022, 42 (1): 53 - 57.

[108] 熊英子, 张冰倩, 唐炎钊. "中国制造2025" 政策是否促进企业技术创新? [J]. 创新科技, 2021, 21 (4): 19 - 34.

[109] 熊正德, 詹斌, 林雪. 基于 DEA 和 Logit 模型的战略性新兴产业金融支持效率 [J]. 系统工程, 2011, 29 (6): 35 - 41.

[110] 徐枫, 周文浩. 新能源产业的金融支持绩效评价——基于 DEA 和 Logit 模型 [J]. 科技管理研究, 2014, 34 (20): 33 - 38.

[111] 闫佳琦, 邹琴, 沈阳. 元宇宙中的内容资源开发: IP 三元赋生与虚实融生 [J]. 中国编辑, 2022 (10): 15 - 19.

[112] 闫俊周, 齐念念. 基于 ISM 的我国战略性新兴产业创新绩效影响因素分析 [J]. 科技管理研究, 2019, 39 (12): 159 - 166.

[113] 闫俊周, 齐念念, 童超. 政府补贴与金融支持如何影响创新效率?——来自中国战略性新兴产业上市公司的经验证据 [J]. 软科学, 2020, 34 (12): 41 - 46.

[114] 阳晓伟, 闭明雄. 德国制造业科技创新体系及其对中国的启示 [J]. 技术经济与管理研究, 2019 (5): 32 - 36.

[115] 杨华, 文倩. 战略性新兴产业高管薪酬激励、研发投入与经营绩效关系研究 [J]. 经济师, 2021 (10): 53 - 54, 56.

[116] 杨骞, 刘鑫鹏, 王珏. 中国战略性新兴产业创新效率的测度及其分布动态 [J]. 广东财经大学学报, 2020, 35 (2): 20 -

34.

[117] 杨先艺, 胡兮. 和合共生: "元宇宙" 交互空间的体验设计研究 [J]. 包装工程, 2022, 43 (18): 232 - 239.

[118] 姚茜嵘.《中国制造 2025》技术创新驱动方针下智能制造对经济增长的影响 [J]. 中国市场, 2022 (8): 1 - 4, 20.

[119] 姚威, 胡顺顺, 储昭卫. 中国省域战略性新兴产业政策工具体系研究——基于政策指数统计分析 [J]. 科技管理研究, 2020, 40 (7): 26 - 34.

[120] 姚洋, 章奇. 中国工业企业技术效率分析 [J]. 经济研究, 2001 (10): 13 - 19, 28.

[121] 余丰慧. "中国制造 2025" 关键在创新 [J]. 金融博览 (财富), 2015 (8): 24 - 25.

[122] 喻国明, 赵秀丽, 谭馨. 具身方式、空间方式与社交方式: 元宇宙的三大入口研究——基于传播学逻辑的近期、中期和远期发展分析 [J]. 新闻界, 2022 (9): 4 - 12.

[123] 袁军, 邵燕敏, 王珏. 研发补贴集中度、高管技术背景与企业创新——以战略性新兴产业上市公司为例 [J]. 系统工程理论与实践, 2022, 42 (5): 1185 - 1196.

[124] 曾刚, 耿成轩. 基于 Super - SBM 和 Logit 模型的战略性新兴产业融资效率及影响因素研究 [J]. 科技管理研究, 2019, 39 (16): 135 - 143.

[125] 扎恩哈尔·杜曼, 孙慧, 王士轩. 新能源产业集群规模、分布与地区经济增长水平关系研究 [J]. 科技管理研究, 2020, 40 (13): 78 - 84.

[126] 翟华云. 战略性新兴产业上市公司金融支持效率研究 [J]. 证券市场导报, 2012 (11): 20 - 25.

[127] 张昌兵, 余梅丽, 华丽香, 等. 研发投入对战略性新兴产业企业财务风险的影响——基于融资结构门限回归模型的实证检验

[J]. 工业技术经济, 2022, 41 (3): 124 - 135.

[128] 张杰, 吴书凤. "十四五"时期中国关键核心技术创新的障碍与突破路径分析 [J]. 人文杂志, 2021 (1): 9 - 19.

[129] 张军, 吴桂英, 张吉鹏. 中国省际物质资本存量估算: 1952 - 2000 [J]. 经济研究, 2004 (10): 35 - 44.

[130] 张莉, 林与川. 实验研究中的调节变量和中介变量 [J]. 管理科学, 2011, 24 (1): 108 - 116.

[131] 张敏. 基于供给侧改革的江西省战略性新兴产业企业业绩评价研究 [D]. 南昌: 江西财经大学, 2018.

[132] 张天华, 陈博潮, 雷佳祺. 经济集聚与资源配置效率: 多样化还是专业化 [J]. 产业经济研究, 2019 (5): 51 - 64.

[133] 张一雄. 论公私合作行政行为形式选择裁量的原则之治 [J]. 贵州社会科学, 2021 (12): 88 - 95.

[134] 张越, 封伟毅, 李志欣. 战略性新兴产业双元创新协同性影响研究 [J]. 经济纵横, 2021 (8): 96 - 105.

[135] 章立东. "中国制造2025"背景下制造业转型升级的路径研究 [J]. 江西社会科学, 2016, 36 (4): 43 - 47.

[136] 郑世林, 陈志辉, 王祥树. 从互联网到元宇宙: 产业发展机遇、挑战与政策建议 [J]. 产业经济评论, 2022 (6): 105 - 118.

[137] 郑永年. 如何把"一带一路"做得更好更可持续 [J]. 特区经济, 2019 (5): 20 - 21.

[138] 周丰. 审美感知塑造: 元宇宙艺术的路径可能 [J]. 重庆邮电大学学报 (社会科学版), 2023, 35 (2): 181 - 187.

[139] 周济. 智能制造是"中国制造2025"主攻方向 [J]. 企业观察家, 2019 (11): 54 - 55.

[140] 周晶, 何锦义. 战略性新兴产业统计标准研究 [J]. 统计研究, 2011, 28 (10): 3 - 8.

［141］周全，程梦婷，陈九宏，李正利. 战略性新兴产业创新生态系统研究进展及趋势展望［J］. 科学管理研究，2023，41（2）：57－65.

［142］周全，程梦婷，吴绍波. 战略性新兴产业创新生态圈的五螺旋创新机制与实施路径［J］. 科学管理研究，2022，40（2）：73－79.

［143］朱有为，徐康宁. 中国高技术产业研发效率的实证研究［J］. 中国工业经济，2006（11）：38－45.

［144］Aigner D. , Lovell K. Formulation and estimation of stochastic frontier production function models［J］. Journal of Econometrics，1977（6）：21－37.

［145］A Lilienfeld，M Asmild. Estimation of excess water use in irrigated agriculture：A data envelopment analysis approach［J］. Agricultural Water Management，2013，94（1）.

［146］Ashraf，M. What Explains R & D efficiency differences across U. S. States［J］. Journal of Economics，2011（37）：59－75.

［147］Battese G. E. , Coelli T. J. Frontier production functions，technical efficiency and panel data：With application to Paddy farmers in India［J］. Journal of Productivity Analysis，1992（3）：153－169.

［148］Battese G. E. , Corra G. S. Estimation of a production frontier model：With application to the Pastoral Zone of Eastern Australia［J］. Australian Journal of Agricultural Economics，1977（221）：169－179.

［149］Charness A. , Cooper W. Measuring the efficiency of decision making units［J］. European Journal of Operational Research，1978（2）：338－339.

［150］Claudia G. , Nankervis J. Efficiency，ownership and financial structure in European banking：A cross-country comparison［J］. Managerial Finance，2009（3）：227－245.

［151］Cotti C. , M. Skidmore. The impact of state government subsidies and tax credits in an emerging industry: Ethanol production 1980 – 2007 ［J］. Southern Economic Journal, 2010 (76): 1076 – 1093.

［152］Donald F. L. , Plessmann F. Do farmers choose to be inefficient? Evidence from Bicol ［J］. Journal of Development Economics, 2009, 90 (1).

［153］Elena B. , Barbara C. , Girardone C. Efficiency and stock performance in European banking ［J］. Journal of Business Finance & Accounting, 2006, 33 (1 – 2): 245 – 262.

［154］Eric Wang C. , R&D efficiency and economic performance: A cross-country analysis using the stochastic frontier approach ［J］. Journal of Policy Modeling, 2007, 29 (2): 345 – 360.

［155］Farell, M. J. The measurement of production efficiency ［J］. Journal of the Royal Statistical Society, 1957 (3): 253 – 290.

［156］Fritsch M. , V. Slavtchev. Determinants of the efficiency of regional innovation systems regional studies ［J］. Regional Studies, 2011 (7): 905 – 918.

［157］GA Erickcek, BR Watts. Emerging industries: Looking beyond the usual suspects: A report to WIRED ［R］. Kalamazoo MI: W. E. , 2007: 4 – 12.

［158］Hall H. , Mairesse J. Exploring the relationship between R&D and productivity in French manufacturing firms ［J］. Journal of Econometrics, 1995 (65): 263 – 293.

［159］Heru M. , Subhash C. Melvin P. Cost efficiency, economies of scale, technological progress and productivity in indonesian banks ［J］. Journal of Asian Economics, 2010, 21 (1).

［160］Hirschman, A. O. The strategy of economic development ［M］. New Haven: Yale University Press, 1966: 2 – 49.

［161］ Jarboui S. , Forget P. , Boujelbene Y. Public road transport efficiency: A stochastic frontier analysis ［J］. Journal of Transportation Systems Engineering and Information Technology, 2013, 13 (5).

［162］ Kim S. , Shafi M. Factor determinants of total factor productivity growth in Malaysian manufacturing industries: A decomposition analysis ［J］. Asian – Pacific Economic Literature, 2009, 23 (1).

［163］ Krugman P. R. Strategic trade policy and the new international economics ［M］. Cambridge Mass: MIT Press, 1986. 14 – 69.

［164］ Krugman, P. R. Strategic trade policy and the new international economics ［M］. Cambridge Mass: MIT Press, 1986.

［165］ Potter. Competitive strategy-techniques for analyzing industries and competitors ［M］. Beijing: Huaxia Press, 1997. 43 – 108.

［166］ Sharma S. , Thomas V. J. Inter-country R&D efficiency analysis: An application of data envelopment analysis ［J］. Scientometrics, 2008, 76: 483 – 501.

［167］ Toby Harfield. Competition and cooperation in an emerging Industry ［J］. Strategic Change, 1999 (5): 227 – 234.

［168］ Yot Amornkitbikai, Charles Harvie. Finance, ownership, executive remuneration, and technical efficiency: A stochastic frontier analysis of the manufacturing enterprises ［J］. Australasian Accounting Business and Finance Journal, 2011, 5 (1).